基本の技術から創作ずしまで習得できる

飾りずしの技術
細工ずしの技術

川澄飾り巻き寿司協会会長
川澄 健

本書は旭屋出版 MOOK「飾りずしの技術」（2014 年刊）を大幅に改訂、新たに取材・撮影を行ない、再編集して改題、書籍化したものです。

旭屋出版

基本の技術から創作ずしまで習得できる

飾りずしの技術・細工ずしの技術

目次

はじめに …………………………………… 4

第1章　基本の巻ずしと細工巻 ……… 7

◆基本の細巻 ………………………………… 8

　丸巻　角巻 ………………………………… 8

　三角巻　滴巻　勾玉巻 …………………… 9

◆応用の細巻 ……………………………… 10

　花巻 ……………………………………… 10

　桜の花 …………………………………… 11

◆細巻を組んだ細工巻 …………………… 12

　七宝 ……………………………………… 12

　桃の花 …………………………………… 14

　単梅 ……………………………………… 16

◆細巻を切って組んだ細工巻 …………… 18

　文銭 ……………………………………… 18

　割七曜 …………………………………… 20

　四海 ……………………………………… 22

◆その他の細工巻 ………………………… 24

　菊水 ……………………………………… 24

第2章　飾り巻ずしの技法 ………… 27

◆飾り巻ずしの基本技術 ………………… 28

　材料の準備　飾り巻ずし作りで利用したい道具 … 28

　巻き方のコツ　切り方のコツ ………… 29

◆基本の飾り巻を巻く …………………… 30

　ニコニコマーク ………………………… 30

　金太郎 …………………………………… 32

◆山を作って巻く ………………………… 34

　チューリップ …………………………… 34

　朝顔 ……………………………………… 36

◆食材の断面を使う ……………………… 38

　ベル ……………………………………… 38

　ペンギン ………………………………… 40

　トナカイ ………………………………… 42

◆裏巻を使って巻く ……………………… 44

　電車 ……………………………………… 44

　サンタクロース ………………………… 46

◆かんぴょうで枝をつける ……………… 48

　ひまわり ………………………………… 48

　桜の木 …………………………………… 50

　柿 ………………………………………… 52

　松の木 …………………………………… 54

◆耳をあとでつける動物 ………………… 56

　パンダ …………………………………… 56

　ウサギ …………………………………… 58

◆すし飯で文字を作る文字巻 …………… 60

　日 ………………………………………… 60

　本 ………………………………………… 63

◆かんぴょうで文字を作る文字巻 ……… 66

　祝 ………………………………………… 66

　寿 ………………………………………… 69

　福 ………………………………………… 72

◆変形に巻く ……………………………… 74

　すずめ …………………………………… 74

◆風景を巻く ……………………………… 76

　富士山 …………………………………… 76

　海辺の風景 ……………………………… 78

第3章　飾り巻ずしバリエーション … 81

ミニお多福さん　　　…………………82

ミニ鬼くん　　　…………………84

おすわりクマさん　　　…………………86

張子の戌　　　…………………88

フレンチブルドッグ　　　…………………91

雛祭り　　　…………………94

三つ割梅　　　…………………96

雪だるま　　　…………………98

鏡もち　　　…………………100

第4章　細工ずし　…………………101

◆握りずしの細工　…………………102

コハダの飾り包丁　…………………102

◆イカの細工　…………………103

鶴　…………………103

イカ　…………………103

桜　…………………104

兎　…………………104

孔雀　…………………105

紫陽花　…………………106

桔梗　…………………106

紅梅　…………………107

朝顔　…………………107

石榴　…………………108

菖蒲　…………………108

錦鯉　…………………109

鶴　…………………110

海老の唐子づけ　…………………110

第5章　創作ずし　…………………111

◆トッピングのバリエーション　…………112

◆軍艦巻の基本とバリエーション　……114

軍艦巻の基本技術　…………………114

軍艦巻のバリエーション　…………………115

◆手まりずしの基本とバリエーション　……116

手まりずしの基本技術　…………………116

手まりずしのバリエーション　…………………116

◆いなりずしのバリエーション　…………118

◆手綱ずしの基本とバリエーション　……119

◆ロールずしの基本とバリエーション　…120

ロールずしの基本技術　…………………120

ロールずしのバリエーション　…………………121

◆押しずしの基本とバリエーション　……122

押しずしの基本技術　…………………122

押しずしのバリエーション　…………………123

◆野菜ずしの細工　…………………124

◆ちらしずしのバリエーション　…………126

第6章　すしの基本と盛り込み……　127

◆すし飯の基本　…………………128

◆切りつけの基本　…………………129

◆握り方の基本　…………………130

横返し　…………………130

本手返し　…………………131

◆盛り込みの基本　…………………132

流し盛り　…………………132

放射盛り　…………………134

扇盛り　…………………136

◆盛り込みのバリエーション　…………………138

お祝い用の盛り込み　…………………138

雛祭り用の盛り込み　…………………140

お子さま用のミニちらし　…………………141

すしアートを作る　…………………142

お持ち帰り用の盛り込み　…………………144

お持ち帰り用の押しずし　…………………145

◆笹切りのバリエーション　…………………146

◆野菜の飾り切り　…………………148

◆新作を考えるには　…………………150

◆食材や道具の衛生管理　…………………151

奥付　…………………152

◆「飾りずし」とは

「飾りずし」は、私が名づけた「飾り巻ずし」を中心に、昔ながらの細工ずし、握りずし、ちらしずし、押しずしなどを使い、絵柄に盛りつけるすしです。たった1本の太巻、1個の握りずしでも歓声があがって喜ばれ、季節や行事用を彩る楽しい創作盛り込みずしの総称です。作る職人からお客様へ、また、お客様がほかの方へお贈りする際にも気持ちが伝わる、新しい感覚のおすしです。

春をイメージしたお祝いの盛り込み例

◆ すし店で活用するには

季節の行事やお祝い事などの盛り込みの中に飾りずしを入れることで、さらにそのすしが華やかになります。全部を飾りずしで作ろうとすると時間がかかりますが、たとえば「祝」の文字巻を1本作れば、そこから4切れとれます。それを5人前のすし桶の中心に1切れずつ入れれば、20人前の祝い用のおすしができあがります。さらにお子さんには「パンダ」、女性には「花」、敬老の日には「鶴」などの飾りずしをひとつあしらえば、きっとお客様はおすしと一緒に記念写真を撮り、大いに盛り上がることでしょう。ぜひこの本を参考に作り、お客様を楽しませてください。

細工ずしが中心にひとつあるだけで華やかな印象に

◆ 技術を磨くには

飾り巻ずしは簡単なものから手の込んだものまであります。まずは簡単な巻ずしから始めて、徐々にステップアップすることをおすすめします。
始めから凝った難しい柄に挑戦してうまく絵柄にならず、作らなくなる方も多くみられます。丸を巻く、山をつくる、輪郭を巻くなど、基本の形があるので、まずそれを習得してください。あとは応用するだけです。慣れるにしたがって徐々に簡単巻けるようになります。細工ずしや創作ずしは、すし職人の皆さんが日々作っているおすしに少し手を加えればできるものです。時間のあるときに端材などを利用して作り、試食しておいしいかどうか確認しながら手法を覚えてゆくとよいでしょう。

きれいな飾り巻には海外の人も興味津々

◆ 川澄流「飾りずし」の目指すもの

「飾り巻や細工ずしは採算が合わない」、「食材が少なくおいしくなさそう」、「すしはシンプルが一番」と思っている方も多いでしょう。

しかし私の場合は、しっかりした仕込みや調理を施した"日本のすし"であることが大事だという点を一番に考えて飾りずしを作るように心がけています。肝心なことは、食べていただいたお客様から「おいしい」「うまい」という言葉が出るかどうかです。

それには、仕込みや段どりも大事です。食べる時間を計算し、鮮度の落ちにくい食材から並べ、すし飯が冷めないようし、生のすし種は最後に入れるようにします。そこをしっかり押さえて作れば、見た目だけではない食べて喜ばれるおすしのアートができあがります。

そして、そんなおすしのアートを体験すれば、お客様はもちろん、職人さんも飾りずしファンになっていただけるはずです。

大きな飾りずしは、作れば完成なのではなく、食べたお客様から「きれいだしおいしかった!」と言われて初めて完成です。その意味では私の「飾りずし」「飾り巻ずし」もまだ発展途上です。

この本を参考にしていただいた方々とも、さらに切磋琢磨しておいしい楽しい飾りずしを目指してゆきたいと考えています。また、最近は新鮮な魚介類が手軽に購入できますので、すし職人だけではなく家庭の方でもこの技術を覚えて、ぜひ来客の方に喜ばれるおすしを作っていただければと思います。

川澄飾り巻き寿司協会

会長　川澄 健

川澄 健（かわすみ けん）

プロフィール

川澄飾り巻き寿司協会会長

1956年神奈川県鎌倉市生まれ。すし店で修業を積みながら、伝統の細工
巻や郷土の巻ずしなどの技術を磨き、プロ向けの技術大会などに出場。テレ
ビ東京の「ＴＶチャンピオン全国すし職人握り技選手権」での優勝などを契機
に注目される。「すし川澄」経営を経て、すしの専門学校で講師を務め、プロ
のすし職人の養成に携わるほか、海外へのすしの普及も積極的に行う。「飾
り巻き寿司」の名づけ親であり、飾りずしや飾り巻きずしの第一人者としてテレ
ビなどのメディアに多く出演し、著書も多数。

川澄飾り巻き寿司協会　http://kazarisushi.jp

本書を活用いただく前に

・本書は「飾り巻ずし」を中心にした「飾りずし」（創作ずし）の技術を紹介
　しており、主にプロのすし職人の方、プロを目指している方、飾りずしを
　習得したい一般の方向けのものです。

・飾りずしを作るにあたり、身につけておきたい基本技術についても触れ
　ていますので、参考にしてください。

・細工巻や飾り巻ずし、分量が分かりにくい飾りずしについては詳しい分
　量を掲載していますが、その他の基本技術などについては掲載していな
　いものもあります。好みや店ごとの分量でお作りください。

・材料の分量で、のりとして使うすし飯や一部の飾りの材料については、
　記載を省いているものもあります。

・小さじは5mℓのものを使用しています。

・第2章の「飾り巻ずし」での海苔の分量は、全型の½枚（＝半切）を1枚と
　しています。詳しくは28ページの説明をご覧ください。

◆ 第1章
基本の巻ずしと細工巻

細巻は細工巻や次章の飾り巻ずしを作る上での基本となります。しっかり習得してからより難しい巻物へとステップアップを。昔から作られてきた細工巻はさまざまな工夫が込められた巻物です。絵柄が美しく、現代でも喜ばれるものです。ひとつひとつの手順を確実に行い、きれいに巻き上げましょう。

丸巻

かんぴょう巻は1本を
4つ切りにするのが
一般的。

1 巻きすに海苔（半切）を横長に置き、すし飯80gをふわっと握って海苔にのせ、まず横に帯状に広げる。海苔の奥を指1本分（1.5〜2cm）あけてやや高く、具がのる中央は少し窪ませ、手前は海苔の端を少し残して広げる。海苔の長さに切った煮かんぴょう20gをすし飯の中央にのせる。

2 海苔をずらさないように巻きすの手前を持ち上げ、手前の端を奥のすし飯の端に持っていくように一気に巻く。

3 ここで手前に引くようにして全体をキュッと締め、あとは海苔の残っている部分を重ねるようにかるく転がして巻く。巻きすを押さえて全体を丸く整え、巻きすをはずして切り分ける。

上手に作るポイント

◆すし飯を広げるときは、飯粒がつぶれないように力を加減し、むらなく広げる

◆具は広げたすし飯の中央におく

角巻

四角い棒状に切った
マグロやキュウリは
角巻に。1本を6つ切り
にする。

1 マグロは海苔の長さに合わせて1cm角ほどの棒状に切る。丸巻の要領で海苔（半切）にすし飯80gを広げ、中央にワサビ少々を塗ってマグロものせる。

上手に作るポイント

◆切り口に巻いた具がきれいに出るように、具もきれいな四角に切る

◆切り分けるときは、まず2つ切りにし、2本を並べて3等分すると、長さをそろえやすい

2 海苔と具をずらさないように巻きすの手前を持ち上げ、丸巻と同様に巻き、巻きすの上の中央に人さし指を当てて四角く形作る。巻きすをはずして切り分ける。

三角巻

6つ切りにしたものを円形に並べ、星や花のように盛りつけても。

上手に作るポイント

◆芯になるキュウリも三角形になるように6つ割りにする

◆キュウリの三角形と全体の三角形が二重になるときれいに見える

1
キュウリは海苔の長さに合わせて6つ割りにする。丸巻の要領で海苔（半切）にすし飯80gを広げ、中央にキュウリを皮の面を手前に見せるようにのせる。

2
海苔と具をずらさないように巻きすの手前を持ち上げ、丸巻と同様に巻き、巻きすの上をつまむようにして三角形に形を整える。巻きすをはずして切り分ける。

滴巻
しずくまき

1本を6つ切りにし、花形に盛りつけると華やか。

上手に作るポイント

◆芯になる具は中央からやや奥にかけてのせる

◆巻くというよりも2つ折りにするようなつもりで巻きすを使う

1
丸巻の要領で海苔（半切）にすし飯80gを広げ、中央から奥側1cm幅にトビコ適量を左右均一に広げる。

2
海苔をずらさないように巻きすの手前を持ち上げ、丸巻きと同様に巻き、そのまま奥に向かって押さえる。巻きすごと持ち上げて滴形に形を整える。巻きすをはずして切り分ける。

勾玉巻
まがたままき

1本を8つ切りにし、藤の花に見立てて盛りつけるのが定番。

上手に作るポイント

◆芯になる具は中央からやや奥にかけてのせる

◆滴巻と同様に巻くというよりも2つ折りにするようなつもりで巻きすを使う

1
丸巻の要領で海苔（半切）にすし飯80gを広げ、中央から奥側1cm幅におぼろ適量を左右均一に広げる。

2
滴巻の要領で巻き、巻きすごと持ち上げて勾玉形に形を整える。巻きすをはずして切り分ける。

花巻

すし飯に色をつけ、キュウリと組み合わせて鮮やかな色の細巻を作ります。キュウリの先端を滴の先端にして滴形に整えます。

【材料】
- トビコ飯（すし飯60g＋トビコ大さじ1）　70g
- キュウリ　1本
- 海苔　半切

上手に作るポイント

◆ キュウリはきれいに6つ割りにする

◆ キュウリの先端が滴形の先端にくるように巻く

◆ すし飯とキュウリが一体になって花びらを形作るように形を整える

1

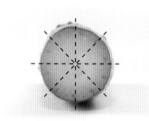

キュウリは海苔の長さに合わせて切り、放射状に6つ割りにする。そのうちの1本を使う。

2

巻きすに海苔を横長にのせ、海苔の中央にトビコ飯を3cm幅ぐらいの帯状に広げる。

3

トビコ飯の奥に、①のキュウリを皮の面をトビコ飯にあてるようにし、奥の海苔の幅が1cm程になるように置く。

4

海苔とのせた具がずれないように押さえながら巻きすの手前を持ち上げ、海苔の手前の端をキュウリの先端に併せるようにくるりと巻き、一度締める。

5

巻きすの端をめくるようにしてそのまま細巻を向こう側に倒して海苔を最後まで巻き込み、上面が丸くなるように締める。

6

巻きすをはずし、すし飯のほうが下になるようにまき直し、滴形に形を整える。巻きすをはずして6つ切りにし、花形に盛りつける。

桜の花

桜の花びらを細巻で作り、切り分けたものを合わせます。包丁の峰を使って桜の花びらに独特の溝を作るのがポイントです。

【材料】
- おぼろ飯（すし飯75g＋おぼろ大さじ1）　80g
- 海苔　半切

上手に作るポイント

◆すし飯とおぼろはよく混ぜて均一の色のすし飯にする

◆巻くのではなく、2つ折りにするように巻きすを使って折りたたむ

◆溝は同じ深さになるようにし、海苔を破いてしまわないように注意する

1

海苔は縦に1本1cm幅に切る。巻きすに大きいほうの海苔を横長にのせ、手前と奥をそれぞれ5mmあけておぼろ飯を均一に広げ、切った海苔を奥の端に重ねる。

2

2つ折りにするように巻きすを返し、三角形になるように巻きすをつまんで形を整える。少しゆるめに巻くと4で溝が作りやすい。

3

巻きすをはずし、細巻の海苔のとじ目を下にして巻きすにのせ直す。

4

細巻に包丁の峰を当てて溝を作る。

5

巻きすをはずし、細巻の向きを変えてもう一度巻きすにのせる。

6

巻きすを押さえて花びら形に形を整える。

7

巻きすをはずし、とじ目に出た余分な海苔を切り落とす。6つ切りにし、5つを使って花形に盛りつける。

細巻を組み合わせると大きな飾り巻ができます。シンプルな細巻でも、組み合わせることでさまざまな図柄を作ることができ、華やかな細工巻になります。きれいに仕上げるには、細巻1本1本を同じ太さ、同じ形に巻くことが重要です。基本の細巻の技術をおろそかにせず、丁寧に巻き上げましょう。

七宝
しっぽう

ひし形に巻いた細巻4本と芯(ここでは玉子焼)を組み合わせ、1本に巻き上げます。七宝とは輪が重なってできる連続文様のことで、それを模したおめでたい図柄の一種です。彩りのよい好みの具を巻いて仕上げましょう。

【材料】
• すし飯　320g
　→ 80g×4 に分ける
• マグロ　1×1cm　20cm分
• キュウリ　6つ割　20cm分
• 野沢菜漬　10g
• トビコ　10g
• 玉子焼　1.5×1.5　20cm分
• 海苔　半切×4枚　全型1枚

• マグロ
• キュウリ
• 野沢菜漬
• トビコ
• 玉子焼

上手に作るポイント

◆細巻はすべて同じ太さ、同じ形に巻く

◆4本の細巻の配置を考えて彩りよく仕上げる

◆細巻の面と面、玉子焼の面を合わせて組み上げる

◆最後は全体を四角く形を整える

【海苔の分量図】

半切　半切　全型

半切　半切

1 分量のマグロ、キュウリ、野沢菜漬、トビコを芯に海苔(半切)とすし飯各80gで細巻を4本作る。まずは角巻に形作り、巻きすごと持ち上げ、全体を少しつぶすようにして平たいひし形に整える。

2 4本が同じ太さ、形になるようにする。平たく作ると玉子焼を組むすき間ができる。

3 巻きすに海苔(全型1枚)をのせ、左端に②を1本のせる。

4 巻きすを持ち上げ、③の右側にもう1本の②をのせる。

5 ③と④でのせた細巻のすき間に角が入るように玉子焼をのせる。

6 玉子焼の両隣に残りの②を1本ずつのせる。ひし形の面と玉子焼の面がぴったり合うようにのせる。

7 巻きすを丸めて締め、海苔を閉じる。

8 四角く形を整える。巻きすをはずして切り分ける。

桃の花

丸巻を花びらの1片に見立てて組んだ桃の花を、すし飯で覆うように大きく巻く細工ずしです。花びらも芯も丸く、安定しにくいため、巻きすをうまく使って花を組み上げるのが上手に作るコツです。

【材料】
- すし飯　100g
- おぼろ飯（すし飯90g＋おぼろ10g）　100g
  → 20g×5に分ける
- チーズカマボコ　10㎝
- 野沢菜漬の茎　10㎝　5本
- 煎り白胡麻　小さじ½
- 甘酢ショウガ（刻む）　5g
- 海苔　半切の⅓枚×5　2㎝幅×全型の長さ×2　半切の1と⅓枚

- おぼろ　・チーズカマボコ　・野沢菜漬
- 甘酢ショウガ　・煎り白胡麻

上手に作るポイント

◆ 丸巻はすべて同じ太さに巻き、きれいな円形にする

◆ 花を作るときは巻きすの中で行う。丸巻などのパーツを順にずらしながらのせていく

◆ 花はチーズカマボコを芯にしてきれいな円形に組む

◆ 花を組み終えたら崩さないようにしっかり巻きすで締め、海苔の帯で巻いて固定させる

◆ 切ったときにすし飯の層が均一になるように、すし飯を海苔に丁寧に広げる

【海苔の分量図】

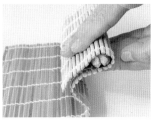

1 桃の花を作る。巻きすに海苔(半切の⅓枚)を横長に置き、海苔の中央におぼろ飯20gを棒状に丸めてのせ、巻く。巻きすの中で転がして丸巻にする。これを5本作る。

6 ⑤の海苔に、右端4cmをあけてすし飯100gを均一に広げ、煎り白胡麻と甘酢ショウガを散らす。すし飯の中央に④の花をのせる。

2 巻きすを片手にのせ、①を1本ずつのせながら徐々に丸みをつけていき、3本のせたらチーズカマボコものせる。残りの2本をかぶせるようにのせたら、巻きすを巻いて丸く押さえる。

7 巻きすを持ち上げて徐々に締める。

3 ②の丸巻と丸巻の間に野沢菜漬の茎を1本ずつ置く。もう一度巻きすで丸く締める。

8 海苔を閉じて締め、横から図柄を見ながら丸く形を整える。巻きすをはずして切り分ける。

4 海苔(2cm幅×全型の長さ×2枚)の端にすし飯少々をつけてのりにし、③が崩れないようにころがして巻き、止める。

5 全体を巻く。海苔は半切の1枚の端にすし飯少々をつけ、⅓枚を張りつけて長くつなげ、巻きすにのせる。

単梅

<ruby>単<rt>ひとえ</rt></ruby><ruby>梅<rt>うめ</rt></ruby>

桃の花(14ページ)と組み立て方は同じですが、花びらは海苔を挟んで滴形に巻き、梅の花の特徴を表現します。花びらに使う赤く色づけしたすし飯は、味の面でも梅らしさを出すため、練り梅を加えてあります。

【材料】
- すし飯　120g
  → 100g、20g に分ける
- おぼろ飯（すし飯130g＋おぼろ15g＋練り梅5g）　150g
  → 30g×5 に分ける
- 山ゴボウの味噌漬　10㎝
- 三つ葉　1束
- 煎り白胡麻　小さじ1
- 海苔　半切の½枚×5　2㎝幅×全型の長さ×2　半切の1と⅓枚

- 練り梅　・おぼろ　・山ゴボウの味噌漬
- 三つ葉　・煎り白胡麻

上手に作るポイント

◆ 花びらはすべて同じ大きさに、形になるように巻く

◆ 花を組むときは巻きすの中で行い、丸くしっかり締めて崩れないようにする

◆ 花を組み終えたら海苔の帯で巻いて固定させる

◆ 外側のすし飯の層が均一になるようにきれいに広げる

◆ 全体がきれいな円形になるように、横から見ながら巻きすで巻いて形を整える

【海苔の分量図】

1 梅の花を作る。おぼろ飯は30gずつに分け、長めの俵形にふわっと握る。三つ葉はさっと塩ゆでして10cm長さに切り、5等分にする。

6 巻きすを片手にのせ、⑤を1本ずつのせながら徐々に丸みをつけていき、3本のせたら山ゴボウの味噌漬ものせる。残りの2本をかぶせるようにのせ、巻きすを巻いて丸く押さえる。花びらの間に①の三つ葉を置き、巻きすで丸く締める。

2 海苔(半切の½枚)の端を1.5cm幅に切り分ける。5枚すべて切る。

7 海苔(2cm幅×全型の長さ×2枚)の端にすし飯少々をつけてのりにし、⑥が崩れないようにころがして巻き、止める。

3 ②の大きいほうの海苔を横長に巻きすにのせ、手前と奥の端をそれぞれ5mmぐらいずつあけて①のおぼろ飯を広げ、帯状に切った海苔を奥の端に重ねる。

8 全体を巻く。海苔(半切の1と⅓枚をつなげて1枚にする)を巻きすに縦長にのせ、奥を6cmあけてすし飯100gを均一に広げ、煎り白胡麻をふる。すし飯の中央に⑦の花をのせる。

4 海苔をずらさないように巻きすの手前を持ち上げて2つ折りにするように巻き、滴形に形を整える。同様にして5本巻く。

9 巻きすを持ち上げて左右を締め、花の上部にすし飯20gをのせて覆うように広げる。

5 ④の閉じ目側を1cm切り落とし、花びらの形にする。

10 海苔を閉じて締め、横から図柄を見ながら丸く形を整える。

細巻や細巻を重ねて巻いたものを切って組み合わせると、複雑な模様ができます。文銭や四海（22ページ）などは、一見難しそうですが、作り方がわかると意外に手軽にできます。最初に作る細巻などの巻物をきれいに作り、等分に切り分けると美しい仕上がりになります。

文銭
ぶん せん

寛永通宝など、円形で中心が四角くあいた「文字銭」をかたどった細工巻です。最初に作った細巻を2度重ねて巻いたものを切って、四角い芯に海苔の面を合わせるように組み、全体を巻いて仕上げます。

【材料】
- タラコ飯（すし飯210g＋タラコ30g＋煎り白胡麻小さじ1）
  240g
  → 50g、70g、100g、20g に分ける
- カマボコ　1.5×1.5×10cm
- 海苔　全型の8cm　半切　全型の¾枚　半切の1と⅓枚

- タラコ
- 煎り白胡麻
- カマボコ

上手に作るポイント

◆重ねて巻く丸巻は、きれいに円形に巻く

◆重ねたときのすし飯の層の厚みがなるべく均一になるようにする

◆丸巻を切るときは形を崩さないように切る

◆芯のカマボコはきれいな正方形に整える

◆崩れないように全体をしっかり締め、最後は丸く形を整える

【海苔の分量図】

全型8cm
半切
全型 ¾
半切
半切 ⅓

1 海苔（全型の8㎝）を巻きすに横長にのせ、中央にタラコ飯50gを棒状に丸めてのせて巻く。巻きすの中でこすり合わせるようにしてきれいな丸巻にする。

6 海苔（半切の1と⅓枚をつなげて長くする）を縦長に巻きすにのせ、巻きすを片手にのせる。⑤1本を手前の端に合わせて切り口をふせて置き、その奥にもう1本置き、間にカマボコをのせる。

2 海苔（半切）を巻きすに横長にのせ、奥の端を1㎝あけてタラコ飯70gを広げ、タラコ飯の中央に①をのせて丸く巻く。

7 カマボコを囲むように残りの⑤をのせる。

3 海苔（全型の¾枚）を巻きすに横長にのせ、奥の端を5㎝あけてタラコ飯100gを広げ、タラコ飯の中央に②をのせる。

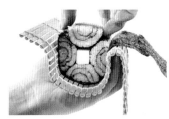

8 海苔を閉じて締め、丸く形を整える。巻きすをはずして切り分ける。

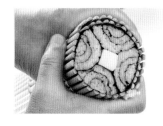

4 巻きすを持ち上げて丸め、海苔を閉じる前②の丸巻の上にタラコ飯20gをのせて全体を覆うように広げ、海苔を閉じて丸く巻く。

5 ④の長さを半分に切ってから縦半分に切り、4本にする。

割七曜

色違いで作った同じ大きさの丸巻を半分に切ったものを並べ、玉子焼を芯にして巻いた細工巻です。すし飯の色や芯にする材料を変えれば、バリエーションが楽しめます。丸巻を4本にして作ると「割九曜」になります。

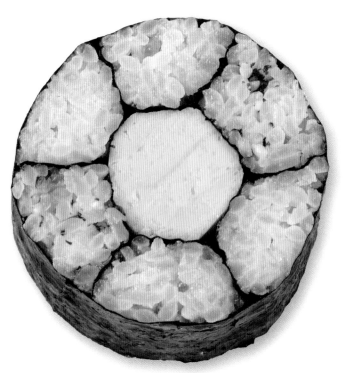

【材料】
- 野沢菜飯（すし飯45g＋刻んだ野沢菜漬5g＋煎り白胡麻小さじ½）50g
- おぼろ飯（すし飯45g＋おぼろ5g）　50g
- トビコ飯（すし飯45g＋トビコ5g）　50g
- 玉子焼　2.5×2.5×10㎝
- 海苔　半切の½枚×3　半切

- 玉子焼　・野沢菜漬　・煎り白胡麻
- おぼろ　・トビコ

上手に作るポイント

◆玉子焼は包丁を滑らせるように使ってきれいな円筒形に切る

◆丸巻は全部同じ太さに巻く

◆丸巻を切るときは円をつぶさないようにし、半円になるよう2等分する

◆切った丸巻は同じ色が隣り合わないように配置する

◆最後はきれいな丸になるように巻き締める

【海苔の分量図】

半切½	
半切½	半切
半切½	

20

1 玉子焼の四隅を丸く切り落として円筒形にする。

6 巻きすを持ち上げ、玉子焼が芯になるように左右を閉じて巻き、海苔を閉じてしっかり締める。

2 海苔（半切の½枚）を巻きすに横長にのせ、野沢菜飯を棒状にまとめたものを置き、丸巻を作る。巻いてから巻きすの中でこすり合わせるようにして転がすときれいな丸巻になる。

7 丸く形作るように締める。巻きすをはずして切り分ける。

3 ②と同様にして、おぼろ飯、トビコ飯も巻く。

4 ②、③の丸巻を縦半分に切る。

5 巻きすに海苔（半切）を縦長にのせ、④をトビコ、野沢菜、おぼろの順に繰り返して切り口を伏せてのせ、中央に①をのせる。

四海

謡曲の「高砂」の一節にある「四海波静かにて」にちなみ、波が治まった平穏な世を祝う図柄で、婚礼などのおめでたい席に適します。複雑に見えますが、原理は簡単。1切れでも見栄えがよく、並べるとまた違った風情になる細工巻です。

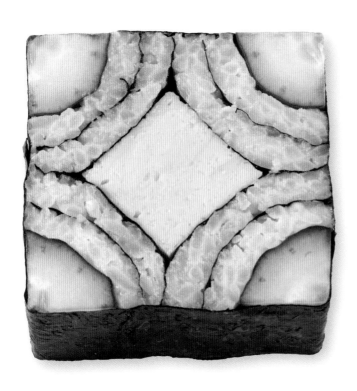

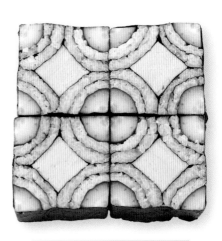

切り分けたものを隣り合わせて並べてもきれい

【材料】
- すし飯　60g
- おぼろ飯（すし飯80g＋おぼろ10g）　90g
- キュウリ　直径3cmのもの10cm
- 玉子焼　2.5×2.5×10cm
- 海苔　半切の¾枚　半切　半切の1と⅓枚

・キュウリ　・おぼろ　・玉子焼

上手に作るポイント

◆キュウリがはがれやすいので、最初に巻くときにすし飯とよく密着させる

◆すし飯の層が同じ厚みになるようにするときれいな波模様になる

◆丸巻を縦に切るときは、しっかり押さえて安定させて切る

◆丸巻はきれいに4つ割りにするとバランスよく仕上がる

◆全体を巻くときは崩れないように注意を

◆キュウリの太さによって大きさが変わるので、海苔の長さを調節するとよい

【海苔の分量図】

半切¾　半切　半切　半切⅓

1 海苔(半切の¾枚)を巻きすに縦長にのせ、奥の端を1㎝あけてすし飯を広げる。すし飯の中央にキュウリをのせ、キュウリを芯にして丸く巻く。

2 海苔(半切)を巻きすにのせ、奥の端を1㎝あけておぼろ飯を広げる。おぼろ飯の中央に[1]をのせ、[1]を芯にして丸く巻く。

3 [2]を縦半分に切り、それぞれ切り口を伏せてさらに縦半分に切る。

4 海苔は半切の1と⅓枚をつなげて縦長の1枚にし、巻きすに縦長にのせる。手前の端に合わせて[3]を2本写真のように置き、間に玉子焼をのせる。残りの[3]ものせる。

5 崩れないように巻きすを転がして巻く。海苔が四方についたところで一度手前に引くようにして締め、さらに転がして海苔を張りつけるようにする。四角く形を整え、巻きすをはずして切り分ける。

応用

すし飯の色やサイズを変えて

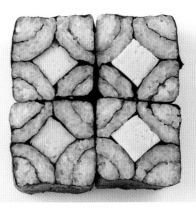

ひと巻目のすし飯40g、ふた巻目のおぼろ飯50g、芯の玉子焼1.5㎝角で作ったもの。やや小振りで巻きやすい。

玉子焼やカマボコなどを形に切ってその断面を模様の一部にしたり、海苔の使い方を工夫して柄を出したり、細工巻は工夫次第でさまざまな図柄を作ることができます。細工巻作りに慣れてきたら、もっと複雑な柄に挑戦を。おめでたい柄や家紋など、レパートリーを広げておくと、使う場面も広がります。

菊水

流れる水から菊の花が浮かび出た様子を表した、長寿を祝う伝統的な図柄です。玉子焼で菊の花びらを作って花を組み、海苔で水の流れを表現します。菊の花びらは滴巻（9ページ）にして作ってもよいでしょう。

【材料】
- おぼろ飯（すし飯90g＋おぼろ10g）　100g
  → 50g×2に分ける
- 青海苔飯（すし飯40g＋青海苔小さじ1＋煎り白胡麻小さじ1）　40g
  → 20g×2に分ける
- 玉子焼　1.5×2.5×10㎝ 3本
- 山ゴボウの味噌漬　10㎝
- 海苔　半切の½枚×6　半切の⅔枚　半切の1と⅓枚

- 玉子焼
- 山ゴボウの味噌漬
- おぼろ
- 青海苔
- 煎り白胡麻

上手に作るポイント

◆ 菊の花びらはすべて同じ形になるように切る

◆ 花びら形に切った玉子焼は海苔で巻くと柄がくっきりと出る

◆ 花びらがバラバラにならないように、花を組んだらしっかり押さえる

◆ おぼろ飯は海苔に均一に広げ、水の流れをイメージしながら3つ折りにする

◆ 3つ折りでできたすき間に青海苔飯を詰めるようにして安定させる

◆ 花とすし飯の層が一体になるように全体を巻く

【海苔の分量図】

半切½	半切½	半切⅔	半切
半切½	半切½		半切⅓
半切½	半切½		

1 玉子焼は斜めに対角線に包丁を入れて細長い三角形に切り、3つの角を丸く切って菊の花びらを6本作る。

青海苔飯は20gを10cm長さの棒状に丸め、これを2本作る。

6 ④を3つ折りにする。上にいくにしたがってやや右寄りにずらす。

2 海苔（半切の½枚）で①を巻く。

7 ⑥の右下のくぼみに⑤を1本置き、左上のあきにもう1本を置き、張りつけるようにする。

8 海苔は半切の1と⅓枚をつなげて長い1枚にし、③の花にかぶせる。花の中央と海苔の中央を合わせる。逆さにして巻きすにのせる。巻きすをかるく押さえて花と海苔を密着させる。

3 巻きすを持って丸みを作り、先端側を上にして②を並べ、中央に山ゴボウの味噌漬をのせる。直径5cmの半円になるように組み、固定するように締める。

9 ⑧に⑦を逆さにしてのせる。

4 海苔（半切の⅔枚）の全面におぼろ飯50gを広げる。上下をひっくり返して裏面にもおぼろ飯50gを広げる。

次ページへ続く ▶

10 海苔を閉じて全体を締め、背の高いカマボコ形に形を整える。巻きすをはずして切り分ける。

◆ 第2章
飾り巻ずしの技法

花や木、動物、顔、キャラクター、風景、文字、マークなど、飾り巻ずしではさまざまな図柄を巻き、表現できないものはないといっても過言ではありません。きれいな図柄を出すために、どんな材料をどのように使うのか、主な技法ごとに紹介します。巻き方のコツがわかったらぜひオリジナルに挑戦を。

通常の巻ずしと違い、飾り巻はサイズも大きく、きれいな図柄を出しながらしっかり巻くための、さまざまなポイントがあります。材料の準備から切り分け方まで、押さえておきたいポイントをここでまとめます。なお、この本で紹介している飾り巻は、半切の海苔の幅（約10cm）で作ります。

材料の準備

巻き始める前に材料はすべて重量や長さを量って用意し、巻く作業に専念できるようにします。海苔は半切が基本です。巻き込む材料はすべて海苔の長さに合わせて（半切の幅は10.5cmのため約10cmとする）準備します。手酢や包丁用の酢水の用意も忘れずに。

【すし飯】

すし飯は128ページの基本のすし飯を参考に用意します。色つきのすし飯は、基本のすし飯に分量の材料を混ぜます。混ぜる材料はものによって色の出方が違うため、様子をみながら加え、分量は適宜調整を。なお、巻き方やすし飯を詰める力加減によっては、すし飯の量が不足して図柄がきれいに出なくなることもあるため、すし飯は分量よりも少し多めに用意しておくとよいでしょう。

すし飯の色づけに使う主な材料			
赤	おぼろ、タラコ、明太子、トビコ、練り梅など	茶	アミの佃煮、煮かんぴょうなど
黄	玉子焼、たくあん漬、ターメリックなど	黒	黒胡麻、ゆかり、昆布の佃煮など
緑	青海苔、野沢菜漬など	白	べったら漬、白胡麻、カマボコなど

【海苔】

この本で紹介している飾り巻は、すべて海苔半切を基準に作ります。分量で示している海苔1枚は半切1枚、½枚は半切の長さを半分に切ったものです。使用する分量を事前に切って用意しておきます。

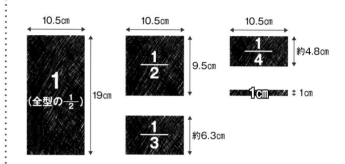

10.5cm

1（全型の½） 19cm

10.5cm ½ 9.5cm

10.5cm ¼ 約4.8cm

1cm ‡1cm

⅓ 約6.3cm

色づけする材料はすし飯にまんべんなく混ぜ、色を均一にする。材料を少しずつ足して混ぜると失敗なく適した色を作れる。また、すし飯をつぶさないように注意して混ぜる。

すし飯は使用する分量ごとに、かるく握ってまとめておく。こうしておくと途中で計量する必要もなく、効率よく作業を進められる。

海苔はサイズを正確に用意する。1cmなどと細かい指示のあるときは、目盛りつきのまな板シートにのせて、測りながら切るとよい。

1と½枚などと指示がある場合は、一方の海苔の端にすし飯を数粒つけてのりにし、もう1枚を張りつけて長さを足して用意する。

飾り巻ずし作りで利用したい道具

サイズや重量を正確に量ったり、飾りつけなどの細かい作業に向く道具を紹介します。

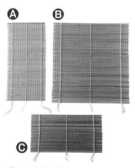

Ⓐ Ⓑ Ⓒ

巻きす各種
Ⓐは飾り巻用の幅が半分のもの（半切の海苔で巻くことが多いため）。Ⓑは通常の巻きすで、Ⓒは細巻き用。使いやすいものを選んで使用を。

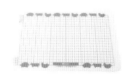

目盛りつきまな板シート
1cm刻みで目盛りがついており、海苔を切ったり、すし飯をサイズに合わせて形作ったりするのに便利。

デジタルスケール
材料を正確に計量するために必須。風袋を差し引いて量ることができ、1g単位で表示されるものが最適。

海苔パンチ
目や口などの形に海苔を抜くことができる便利グッズ。お弁当用具売り場などで販売されている。

工作用ハサミ
細かい細工をつけるための材料を切るのに用意したい。キッチンばさみよりも工作用のほうが細かな作業ができる。

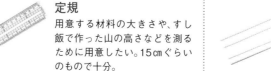

定規
用意する材料の大きさや、すし飯で作った山の高さなどを測るために用意したい。15cmぐらいのもので十分。

竹串
飾り巻の仕上げで、海苔やその他の材料をのせたりするときに菜箸代わりに使用。先が細いため細かい作業に向く。

巻き方のコツ

飾り巻では、バランスやできあがりの図柄を見ながら巻くため、ほとんどが巻きすを手前から奥に向かって巻くのではなく、巻きすを横に使って巻きます。図柄を構成する材料（パーツ）をのせる順番やすし飯の広げ方など、ひとつひとつの手順を確実に行うことが、美しい仕上がりにつながります。

広い面積に均一にすし飯を広げるには、分量のすし飯を等分に分け、間をあけて海苔にのせ、間を埋めるようにしてすし飯を広げるとよい。色づけに材料を混ぜたすし飯は特に広げにくいので、この方法で行うとよい。

すし飯を帯状に形作ったり（30ページ、ニコニコマークなど）、すし飯で山を作ったり（36ページ、チューリップなど）するときは、目盛りつきのまな板シートの上で長さを測りながら行う。

巻き始めは、巻きすを片手に持って手のひらを丸めるようにして、左右均等に力を入れて締める。配置したパーツがずれたり崩れたりしないように注意し、しっかり持つ。

海苔を閉じたらしっかり押さえて形を整える。形が丸や滴などの場合は、横から図柄を見ながら両手で持って締める。

カマボコ形や四角に巻き上げるときは、海苔を閉じていったん締めたら飾り巻をまな板にのせ、巻きすをかぶせて上から押さえて形を整える。

全体の形を整えるとともに、飛び出たパーツなどがないように、側面は布巾や手のひらで押さえ、平らにする。

切り方のコツ

図柄を崩すことなくきれいに切り分けるには、よく切れる包丁を使い、刃を酢水にかるく湿らせて素早く切ります。安定する向きや位置に置き、包丁はこまめにふいて使います。

包丁の刃先を少し酢水につけ、すぐに包丁を立てて刃に酢水が流れ落ちるようにする。その後、刃を布巾に当てて余分な酢水をとってから切る。

はじめは表の海苔だけを切るつもりで包丁を入れ、海苔が切れたら包丁を細かく前後に動かして切り進める。力まかせに押して切ると絵柄が崩れるので注意。

1切れ切ったら、包丁を布巾でぬぐい、再び刃先を酢水につける。

◆ 基本の飾り巻を巻く

まずはシンプルな顔の図柄を巻いてみましょう。海苔１枚で巻ける小振りな巻きやすいサイズです。すし飯の広げ方やのせ方をはじめ、細巻を半分に切って曲線の柄にする、食材の断面で図柄を表現する、目や口などのパーツをバランスよく配置するなど、飾り巻の基本技術が詰まった１本です。ニコニコマークをマスターしたら、大きいサイズの飾り巻へとステップアップしましょう。

ニコニコマーク

目の曲線は細巻を半分に切って、口は玉子焼を半円に形作って、それぞれ表します。目や口の位置が左右対称になるように、すし飯を広げたりのせたりするときは厚みなどを均一に。

【材料】

・トビコ飯
　（すし飯 135g ＋トビコ 5g ＋白煎り胡麻小さじ½）　140g
　→20g　60g　10g　20g　30g に分ける
・玉子焼　2.5×1×10㎝
・海苔　⅓枚　⅓枚　１枚

・玉子焼
・トビコ
・煎り白胡麻

上手に作るポイント

◆すし飯に色づけの材料を混ぜるときは、色が均一に出るようによく混ぜ合わせる。ただし粘りが出ないように注意する

◆すし飯は使う分量ごとにあらかじめ分けておく

◆すし飯を海苔などにのせる場合は、海苔の長さ（全形の半分約10㎝）に棒状や帯状に形作ってからのせるとよい

◆海苔がだんだん縮んでくるので、海苔にすし飯をのせたらなるべく手早く作業を行う

◆最後は全体をきれいに円形に形を整える

【海苔の分量図】

⅓	
⅓	1

1 口を作る。玉子焼を縦長に置き、弧を描くように包丁を滑らせて玉子焼の左右の角を削り、半円形の棒状に切る。

2 ①を海苔（⅓枚）で巻く。

3 目を作る。海苔（⅓枚）にトビコ飯20gを棒状にまとめてのせ、細い丸巻を作る。

4 ③を縦半分に切る。

5 全体を巻く。海苔（1枚）に、左右の端をそれぞれ5cmあけてトビコ飯60gを広げる。

6 ⑤のトビコ飯の中央にトビコ飯10gで三角の山を作る。

7 ⑥の山の左右の脇に、④の目を切り口が上になるように置く。

8 トビコ飯20gを⑦の目と山を覆うようにのせる。

9 ⑧でのせたトビコ飯の中央に、弧が上になるように②の口をのせる。

10 トビコ飯30gを左右の目の端の幅に帯状に形づくり、⑨にのせる。

11 巻きすを持ち上げ、丸く巻いて海苔を閉じ、さらに丸く形を整える。巻きすをはずして切り分ける。

応用 薄焼玉子で巻く ニコニコマーク

全体を巻くときに、海苔の代わりに薄焼玉子で巻く。玉子の大きさは海苔と同じサイズ（約10×20cm）を用意し、巻きすにラップを敷いてから薄焼玉子をのせて巻く。すし飯を広げるときに玉子が破れないように注意を。

金太郎

かんぴょうで作った眉、口で凛々しい表情に。はじめに顔を丸く巻き、それを髪になる黒ごま飯で包むように巻いて頭を仕上げます。かぶとは〆サバなどを使った押しずしで作り、頭と組み合わせて完成です。端午の節句にお勧めです。

かぶとの材料

・〆サバ ・玉子焼 ・カニカマ
・野沢菜漬の茎

頭の材料

・煮かんぴょう ・チーズカマボコ
・野沢菜漬の茎 ・甘酢ショウガ
・すり黒胡麻 ・ゆかり ・タラコ

頭の完成形

かぶとの完成

【材料】＜頭＞

・ショウガ飯（すし飯 210g ＋刻んだ甘酢ショウガ 15g）225g
　→ 40g、25g×2　20g×2　20g×2　15g　40g
・黒胡麻飯（すし飯 180g ＋すり黒胡麻大さじ 1½＋ゆかり小さじ½）　180g
・チーズカマボコ　10㎝ 2本
・煮かんぴょう　20g
・野沢菜漬の茎　10㎝
・タラコ　5g
・海苔　⅓枚×2　½枚　⅓枚×2　¼枚　1と⅓枚　1と⅔枚

【材料】＜かぶと・1個分＞

・すし飯　40g
・〆サバ　10㎝
・野沢菜漬の茎　10㎝
・カニカマ　½本
・玉子焼　0.5×3.5×10㎝

上手に作るポイント

◆眉と口は煮かんぴょうをきれいに並べて海苔を巻く

◆眉を釣り上げるため、目の脇に置くすし飯は外側が高くなるようにする

◆顔はてっぺんを窪ませて巻き上げ、頭全体を巻くときにすし飯で作った山と凸凹に組み合わせる

◆頭とかぶとを組み合わせるときは、頭の上の部分を少し切る

【海苔の分量図】

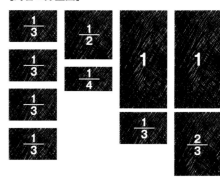

1 眉と口を作る。かんぴょうを海苔（⅓枚）の中央に2㎝幅に広げて巻き、これを2本作る（眉）。海苔（½枚）にかんぴょうを3.5㎝幅に広げて巻く（口）。

2 目と鼻を作る。チーズカマボコを海苔（⅓枚）で巻き、これを2本作る（目）。野沢菜漬を海苔（¼枚）で巻く（鼻）。

3 顔を巻く。海苔（1と⅓枚）の中央に、ショウガ飯40gで5㎝幅の山を作り、かぶせるように①の口を置く。

4 ③の口の左右にショウガ飯を25gずつのせて平らにならす。

5 ②の鼻を中央に置き、鼻の左右にショウガ飯を20gずつ置いて平らにならす。

6 中央にショウガ飯15gで山を作り、両脇に②の目を置く。目の外側にショウガ飯を20gずつのせて外側が高くなるように形作り、①の眉を目の上にのせる。

7 眉の上にショウガ飯40gをのせて平らにならす。巻きすを持ち上げて海苔を閉じるように巻く。海苔を閉じるときに少し押し込み、上部を窪ませて巻き上げる。

8 頭を巻く。海苔（1と⅔枚）に、左右の端をそれぞれ7㎝をあけて黒胡麻飯100gをのせ、中央と端がやや高くなるように広げる。

9 ⑦の顔を上下逆さにし、くぼみと⑧の中央の高いところとを組み合わせてのせる。巻きすを持ち上げて顔の両脇に黒胡麻飯を40gずつ押し込むように詰め、海苔を閉じて巻く。切り分けて丸く切った海苔を黒目にし、タラコで頬を赤く飾る。

10 かぶとを作る。〆サバは厚みが5㎜ぐらいになるように身をそぎ切り、二等辺三角形に切る。

11 すし飯をサバの大きさに合わせて形作り、サバをのせる。固く絞ったぬれ布巾をかぶせてしっかり押さえて形を整える。

12 玉子焼、カニカマ、野沢菜漬をかぶとの飾りの形に切り、⑪にのせて飾る。

◆ 山を作って巻く

いろいろな形の材料を安定させたり、すき間をうめたりして複雑な図柄を表現するため、すし飯を山のように形作ることがよくあります。分量のすし飯を海苔の長さの棒状に形作ってからのせて、適当な高さや形に整えます。朝顔（36ページ）、金太郎（32ページ）、パンダ（56ページ）など、多くの飾り巻で使う手法です。

■ チューリップ

チーズカマボコで花、キュウリで葉、玉子焼で植木鉢を作ります。山を作ったすし飯は、葉と花、茎の間をうめるすし飯になります。植木鉢の周囲にはイクラを混ぜたすし飯を使い、華やかさを出すとともに、味のランクアップもねらいます。

【材料】
- すし飯　150g
  - →100g　25g×2に分ける
- イクラ飯（すし飯75g＋イクラ15g）　90g
  - →10g×2　25g×2　20g
- 玉子焼　3×3×10㎝
- キュウリ　10㎝
- チーズカマボコ　10㎝
- 海苔　3㎝　⅔枚　½枚×2　1と½枚　½枚

・チーズカマボコ
・キュウリ　・イクラ
・玉子焼

上手に作るポイント

◆花の形をイメージしてチーズカマボコを切る

◆すし飯で作る山は、最終的に花と葉の間をうめるものになる。位置と高さを作り方にしたがってしっかり形作る

◆すし飯の山の間に置いた海苔は茎になるので、茎がまっすぐになるように海苔を閉じる

◆巻きすを持ち上げて左右を徐々に閉じながら葉、植木鉢などを置いてゆく。のせる材料が片手でもとれるようにそろえ、すし飯も分量を量って分けておく

【海苔の分量図】

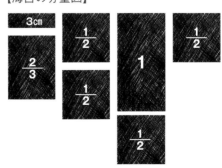

3㎝　½　½　⅔　1　½　½

34

1 花を作る。チーズカマボコにV字に包丁を入れて一部を切りとる。

2 植木鉢を作る。玉子焼を5mm幅のところで2つに切り分ける。

3 ②の大きいほうの玉子焼を台形になるように左右を斜めに切り落とす。

4 2つの玉子焼の間に海苔(3cm)をはさんで組み合わせ、海苔(⅔枚)で巻く。

5 葉を作る。キュウリを縦に3等分に切り、端の2本をそれぞれ海苔(½枚)で巻く。

6 全体を巻く。海苔(1と½枚)の左右の端を4cmあけてすし飯100gを広げる。すし飯の中央を1cmあけて、すし飯25gで山(高さ約3cm)を2つ作ってのせる。

7 山の間に海苔(½枚)を2つ折りにして折り目を下にのせ、①の花を切りとった部分が下になるように置く。

8 ⑦でのせた海苔を閉じ、左右のすし飯をのばして海苔をすし飯で覆う。

9 巻きすを持ち上げ、⑧でのばしたすし飯の両脇に⑤の葉を置く。

10 左右を徐々に締め、葉のそれぞれの脇にイクラ飯を10g置く。

11 ④の植木鉢をのせ、手のひらで押さえて安定させる。

12 植木鉢の両脇にイクラ飯を25g置き、さらに巻きすを締めて植木鉢の上にイクラ飯20gを置いて平らにならし、海苔を閉じるように巻く。

13 巻きすをはずして飾り巻をまな板にのせ、巻きすをかぶせ、上から押さえて形を整える。巻きすをはずして切り分ける。

朝顔

細巻を組んで作った花、キュウリで作った葉などを組み合わせて巻きます。花をおぼろとゆかりの2色で作りましたが、1色で作っても。好みの色のすし飯を作り、いろいろな色の朝顔を表現しましょう。

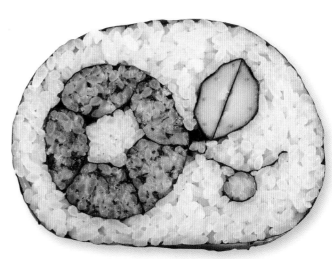

【材料】

- おぼろ飯（すし飯55g＋おぼろ5g）　60g
  → 20g×3に分ける
- ゆかり飯（すし飯60g＋ゆかり小さじ1）　60g
  → 20g×3に分ける
- すし飯　235g
  → 10g　15g　100g　25g×2　10g×2　40gに分ける
- キュウリ　10㎝
- 甘酢ショウガ（刻む）　10g
- 煎り白胡麻　小さじ1
- 海苔　2㎝　4㎝　½枚×3　¾枚　1と½枚　⅓枚×2

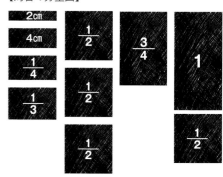

- おぼろ　・ゆかり　・キュウリ
- 甘酢ショウガ　・煎り白胡麻

上手に作るポイント

◆細い丸巻を組んで巻いたものを花にする

◆花は1本で2種のすし飯を巻いて、2色の花を一度に作る

◆山の位置と高さ、山に挟み込む海苔がきれいな図柄にするポイント

【海苔の分量図】

2㎝		
4㎝	½	¾
¼		1
⅓	½	
	½	½

1 葉を作る。キュウリを縦に3等分に切る。両端の2本の間に海苔(2cm)をはさむ。

2 つるを作る。海苔(4cm)にすし飯10gをのせて細い丸巻を作る。

3 花を作る。海苔(½枚)におぼろ飯20gとゆかり飯20gをのせて細い丸巻を作る。これを3本作り、縦半分に切る。このうち5本使用する。

4 海苔(¾枚)に③5本をすし飯の面をふせて海苔の端から並べ(おぼろ飯とゆかり飯の位置の左右をそろえる)、中央にすし飯15gを棒状にまとめてのせる。

5 巻きすを持ち上げて丸く巻く。

6 全体を巻く。海苔(1と½枚)に、右側を8cmあけてすし飯100gを広げ、甘酢ショウガ・煎り白胡麻を全体に散らす。

7 ⑥のすし飯の中央の位置にすし飯25gの山を2つ作り、山と山の間に海苔(⅓枚)を折って山に沿うようにのせる。

8 海苔(⅓枚)を2つ折りにし、②を中央にのせる。両脇にすし飯を10gずつのせて広げる。

9 山と山の間に①の葉をのせ、⑦の左の山の脇に⑧の海苔の面を張りつけるように置く。右の山の脇に⑤の花を置く。

10 巻きすを持ち上げて徐々に締め、閉じる前にすし飯40gをのせて上面を覆い、海苔を閉じて巻く。

11 巻きすをはずして飾り巻をまな板に置き、巻きすをかぶせて上から押さえ、丸く形を整える。巻きすをはずし、4切れに切り分ける。

ベル

玉子焼を切って組み合わせたものでベルを表現し、全体は青海苔を混ぜたすし飯で巻きます。サンタクロース（46ページ）、トナカイ（42ページ）と一緒に盛り合わせると、クリスマスに最適です。

【材料】
- 青海苔飯（すし飯 180g ＋青海苔小さじ 1 ＋煎り白胡麻小さじ 1/2 ＋マヨネーズ小さじ 1/2）180g
  → 100g　20g × 2　20g × 2 に分ける
- 玉子焼　3 × 3 × 10㎝、0.5 × 3.5 × 10㎝
- 山ゴボウの味噌漬　10㎝
- 野沢菜漬の茎　10㎝
- 海苔　½枚 × 2　¼枚 × 2　1と⅓枚

- 玉子焼
- 山ゴボウの味噌漬
- 野沢菜漬 ・青海苔
- 煎り白胡麻
- マヨネーズ

上手に作るポイント

◆青海苔飯は、先にすし飯にマヨネーズを混ぜてから青海苔と白胡麻を入れるとダマになりにくい

◆ベルの形のきれいなカーブが出るように、包丁を滑らかに使って玉子焼を切る

◆全体を巻き始める前に、ベルの左右に青海苔飯を張りつけるように置いてすき間をうめる

◆ベルが全体の中央にくるように、全体を巻くときには左右のすし飯の量をきちんと均等にする

【海苔の分量図】

1 ベルを作る。大きい玉子焼きは先が丸まった台形になるように切り、小さい玉子焼きは台形になるように左右を少し削るように切る。

6 青海苔飯20gを平べったい棒状にまとめたものを2本作り、⑤のベルの脇に張りつけるように置く。

2 ①はそれぞれ海苔（½枚）で巻き、重ねてベルの形にする。

7 巻きすを持ち上げて左右を締める。ベルの上部の野沢菜漬の左右に青海苔飯各20gをのせ、均等にならして覆う。

3 山ゴボウの味噌漬は丸みの一部を切り落として海苔（¼枚）で巻き、野沢菜漬も海苔（¼枚）で巻く。

8 巻いて海苔を閉じる。

4 全体を巻く。海苔（1と⅓枚）に、左右各4㎝をあけて青海苔飯100gを均一に広げ、中央に1㎝幅ぐらいの浅い溝を作る。

5 ④の溝に③の山ゴボウの味噌漬を丸みのあるほうを下にしてのせ、②のベル、野沢菜漬を重ねる。

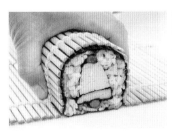

9 巻きすをはずして飾り巻をまな板にのせ、巻きすをかぶせ、上から押さえて四角く形を整える。

10 巻きすをはずして4切れに切り分ける。

■■ ペンギン

カマボコ2本を合わせてペンギンの胴に見立てます。そのため、使うすし飯の量は少なめです。羽は別に巻き、切り分けてからつけて仕上げます。黒目の海苔の形や飾る位置で表情が変わります。

【材料】
- すし飯　30g
  → 15g×2に分ける
- 黒胡麻飯（すし飯130g＋すり黒胡麻大さじ2＋ゆかり小さじ1）130g
  → 60g　10g×2　50gに分ける
- おぼろ飯（すし飯25g＋おぼろ5g）30g
  → 15g×2に分ける
- 玉子焼　1×1×10cm
- カマボコ　径が4.5cmのもの10cm　2本
- 海苔　¼枚　1枚　⅓枚×2　⅓枚×2　1枚　1と⅔枚　黒目用の海苔少々

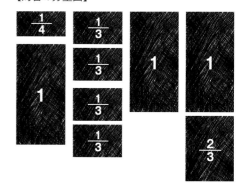

- すり黒胡麻　・おぼろ　・玉子焼
- カマボコ

上手に作るポイント

◆ カマボコがはずれないように、海苔でしっかり巻く

◆ カマボコを巻いた海苔が外れそうなときは、巻き終わりにご飯粒をのりにして止めるとよい

◆ 頭の部分は、すし飯を帯状に形作ってからのせると作業しやすい

【海苔の分量図】

¼	⅓	1	1
1	⅓		
	⅓		
	⅓		⅔

1 くちばしを作る。玉子焼を1辺が1㎝長さの三角の棒状に切り、海苔（¼枚）で巻く。

2 胴体を作る。カマボコ2本を合わせ、海苔（1枚）で巻く。

3 目を作る。海苔（⅓枚）にすし飯15gをのせて丸く巻く。これを2本作る。

4 足を作る。海苔（⅓枚）におぼろ飯15gをのせて巻き、平べったく形作る。これを2本作る。

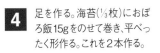

5 羽を作る。海苔（1枚）を横長に置き、黒胡麻飯60gを海苔の中央に4㎝幅に広げ、だ円形に巻く。

6 全体を巻く。海苔（1と⅔枚）の中央に4の足を並べてのせ、その上に2の胴体をのせる。

7 黒胡麻飯10gを10㎝長さの棒状にまとめたものを2本作り、胴体の上に並べてのせる。

8 7の黒胡麻飯の間に1のくちばしを逆三角形になるように置き、さらに3の目をのせる。

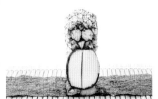

9 黒胡麻飯50gを幅6㎝、長さ10㎝になるように厚さを均一に広げる。

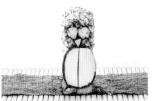

10 9を8の目の上にかぶせるように置いて覆い、頭にする。

11 巻きすを持ち上げて巻き、巻き終わりは海苔を重ね、飯粒をのりにしてしっかり止める。

12 巻きすをはずし、飾り巻きの向きを変えてもう一度巻きすで巻き、頭が丸くなるようにおさえ、全体の形を整える。

13 12を4切れに切り分け、5の羽は8切れに切り分けて組み合わせ、海苔を切って黒目をつける。

■■トナカイ

伊達巻を角に見立てるのが特徴の飾り巻です。伊達巻を開いて内側にすし飯を詰めます。別に巻いた顔と伊達巻の角を組み合わせて仕上げますが、両方の大きさのバランスを見て作りましょう。

【材料】

- 鶏そぼろ飯（すし飯90g＋鶏そぼろ20g）　110g
  → 50g　20g　40g に分ける
- すし飯　130g
  → 100g　15g×2 に分ける
- 煮かんぴょう　10g
- チーズカマボコ　10㎝長さ2本
- 伊達巻　10㎝
- 海苔　⅓枚　⅓枚×2　1枚　1と⅔枚　黒目用の海苔少々

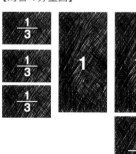

- 伊達巻　・鶏そぼろ　・チーズカマボコ
- 煮かんぴょう

上手に作るポイント

◆伊達巻の大きさによって、内側に詰めるすし飯の分量を調整する

◆伊達巻にすし飯を詰めたときに、伊達巻の開いた部分が1cmぐらいになるようにすし飯の分量を調整する

◆顔と角を重ねたときにできる左右のすき間に、しっかりすし飯を詰めて安定させる

◆顔を巻くときも、全体を巻くときも、三角形にきれいに形を整える

【海苔の分量図】

⅓		1	1
⅓			
⅓			
			⅔

42

1 鼻を作る。海苔(⅓枚)に煮かんぴょう10㎝長さに切って並べ、手前からくるくる巻き、巻き終わりは飯粒をのりにして止める。

2 目を作る。チーズカマボコを海苔(⅓枚)で巻く。これを2本作る。

3 顔を作る。海苔(1枚)の中央に①の鼻を置き、鶏そぼろ飯50gをのせ、7㎝幅に広げる。

4 ③の飯の両端に②の目をのせ、その間に鶏そぼろ飯20gを詰める。

5 鶏そぼろ飯40gを6×10㎝の帯状に形作り、④にのせてかるく押さえる。

6 巻きすを持ち上げて巻く。

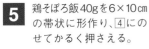

7 巻きすをはずして鼻が上になるように飾り巻をまな板にのせ、巻きすをかぶせ、上から押さえて三角形に形を整える。

8 角を作る。伊達巻を広げてすし飯100gを内側に詰め(伊達巻のサイズですし飯の量は調整する)、巻きすでかるく締める。

9 全体を巻く。海苔(1と⅔枚)の中央に⑧の角を置く。

10 ⑨の角の上に⑦の顔をのせ、角と顔の両側の境にすし飯各15gを置いて埋める。

11 巻きすを持ち上げて海苔を片側ずつ閉じて巻き、巻き終わりは海苔の端に飯粒をのりにして止める。

12 飾り巻を巻きすからはずして顔が上になるようにまな板にのせ、巻きすをかぶせ、上から押さえて三角形に形を整える。4切れに切り分け、丸く切った黒目用の海苔をチーズカマボコの目にのせて仕上げる。

すし飯が一番表側にくるように巻いたものが裏巻で、裏巻を取り入れると表現の幅が広がります。カリフォルニアロール（120ページ）などでも使われる手法で、海苔が苦手な海外の人にも喜ばれます。巻きすにラップを敷いて作業すると巻きすにすし飯がくっつきません。また、切り分けるときもラップごと切ります。

電車

玉子焼とカマボコで作った車体を芯にし、タラコを混ぜたすし飯で裏巻にして全体を仕上げます。車輪のチーズカマボコは1枚の海苔で巻き込んで作るのが特徴です。1切れだけでなく、数切れをつなげて盛るのもよいアイデアです。

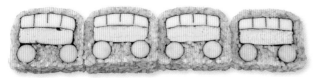

切ったものをつなげて盛りつけても。

【材料】
- タラコ飯（すし飯120g＋タラコ30g）　150g
  →100g　50gに分ける
- 玉子焼　1.5×5×10cm
- カマボコ　1×5×10cm
- チーズカマボコ　10cm　2本
- 海苔　1cm×3　5cm　17cm　1と⅓枚

- タラコ
- 玉子焼
- カマボコ
- チーズカマボコ

上手に作るポイント

◆玉子焼やカマボコを切るときは、厚みなどが均一になるように。目盛りつきのまな板を使用すると便利

◆車輪の位置がずれないように、すし飯を広げる幅を正確にし、2つの車輪の間にすし飯をしっかり詰める

◆全体はきれいに四角く形作る。図柄を横から見ながら調整するとよい

【海苔の分量図】

1cm
1cm
1cm
5cm
17cm
1
⅓

1 車体を作る。カマボコは4等分の棒状に切り、間に海苔(1cm)をはさんで1列に並べる。

2 玉子焼に海苔(5cm)をのせ、①のカマボコをのせる。

3 ②を海苔(17cm)で巻く。

4 全体を巻く。巻きすにラップを敷き、海苔(1と⅓枚)をのせ、左右の端をそれぞれ4cmあけてタラコ飯100gを均一に広げる。

5 タラコ飯が下になるように全体をひっくり返す。

6 ③の車体をカマボコが下になるようにして⑤の海苔の中央に置き、端から2cmの位置にチーズカマボコを左右それぞれに置く。

7 チーズカマボコを下の海苔でひと巻きし、広げたすし飯の端にのるようにする。

8 巻きすを持ち上げて左右を締め、チーズカマボコは車体にのせる。

9 閉じる前に上面にタラコ飯50gをのせて平らにならす。

10 巻きすをかぶせて閉じ、四角く形作りながら全体を締める。

11 巻きすをいったんはずして飾り巻をまな板に置き、巻きすをかぶせて再度形を整える。横から図柄を確認しながら行うとよい。

12 巻きすをはずしてラップごと4切れに切り分ける。

サンタ
クロース

顔と帽子を組み合わせ、ヒゲは裏巻で表現。すし飯は、同じ赤でも材料や混ぜる量を変えることで色合いの違うものを作り、使い分けます。眉、目、口、帽子の房は切り分けてから飾りつけて仕上げます。

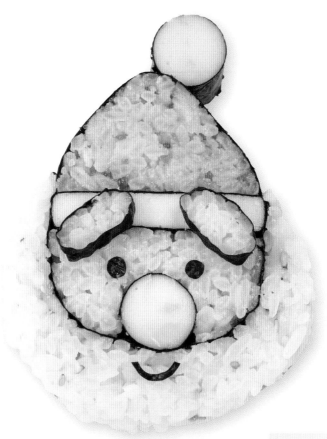

【材料】
- すし飯　15g
- タラコ飯（すし飯75g＋タラコ5g）　80g　→40g×2に分ける
- おぼろトビコ飯（すし飯60g＋おぼろ10g＋トビコ10g）　80g
- 白胡麻飯（すし飯110g＋煎り白胡麻小さじ½＋刻んだ甘酢ショウガ10g）　120g
- カマボコ　10cm
- チーズカマボコ　10cm2本
- 海苔　⅔枚　⅓枚×2　⅓枚　¾枚　1と½枚　目と口用の海苔少々

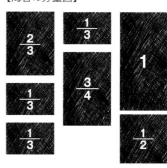

- タラコ　トビコ　おぼろ　煎り白胡麻
- 甘酢ショウガ　チーズカマボコ

上手に作るポイント

◆顔、帽子の縁、帽子の横の長さをきちんとそろえる

◆帽子は目盛りつきのまな板シートの上で長さを測りながら形作る

◆ヒゲは、中央は厚く、端は薄くなるように、なだらかな山型にすし飯を置く

◆切り分けるときは、安定する向きに置いてラップごと切る

【海苔の分量図】

⅔	⅓	
⅓	¾	1
⅓		½

1

帽子の縁を作る。カマボコは5×0.5×10㎝の板状に切り、海苔(2/3枚)で巻く。

2

帽子の房と鼻を作る。チーズカマボコを海苔(1/3枚)で巻く。これを2本作る。

3

眉を作る。海苔(1/3枚)にすし飯をのせてだ円形に巻く。

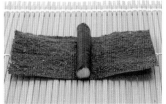

4

顔と帽子の縁を巻く。海苔(3/4枚)の中央に2の鼻をのせる。

5 鼻の左右にタラコ飯各40gを棒状にまとめて置き、鼻を覆うように台形に整える。

6 巻きすを持ち上げて半円形に形を整え、タラコ飯の上に1の帽子の縁をのせ、海苔を閉じる。

7

全体を巻く。巻きすにラップを敷き、海苔(1と1/2枚)をのせる。白胡麻飯を海苔の中央に置き、中央がやや高くなるように幅10㎝に広げる。

8

7の上下をひっくり返してラップにのせ、飯の面を下にする。

9

帽子を作る。おぼろトビコ飯を、辺が各5㎝、10㎝長さの三角の棒状に形作る。

10

8の海苔の中央に6をのせ、その上に9の帽子をのせる。

11 巻きすを持って左右を締め、左右の海苔を片方ずつ帽子に張りつけるようにして巻き、滴形に形を整える。

12

巻きすをはずしてラップごと4切れに切り分ける。

13 2の帽子の房を4等分に、3の眉を8等分に切り(長めに作ってあるので全量使わなくてよい)、12にあしらい、目と口は海苔をのせる。

◆ かんぴょうで
枝を作る

花や木などの自然の事物は飾り巻ずしでよく使われる図柄です。木の枝や幹、花の茎は煮かんぴょうを海苔で巻いたもので作ると、太さが調節でき、曲げたり枝分かれさせたりすることもできます。桜の木（50ページ）、柿（52ページ）、松の木（54ページ）でも、いろいろな使い方で枝や茎を表現しています。

■□ ひまわり

かんぴょうを海苔で巻いて茎にします。花は楕円の細巻きをたくさん作り、半分に切って花びらにし、組み合わせて丸く巻きます。花びらの黄色は玉子焼を混ぜますが、飾り巻などを作るときに出る端材を利用すると無駄になりません。

【材料】
- 鶏そぼろ飯（すし飯 45g ＋鶏そぼろ 5g）　50g
- 玉子飯（すし飯 60g ＋刻んだ玉子焼 30 g）　90g
　→ 15g × 6 に分ける
- すし飯　160g
　→ 100g　30g × 2 に分ける
- キュウリ　20㎝
- 煮かんぴょう　15g
- 海苔　½枚　⅓枚× 6　2㎝× 2　½枚× 2　⅔枚　1と½枚

- 鶏そぼろ
- 玉子焼
- キュウリ
- 煮かんぴょう

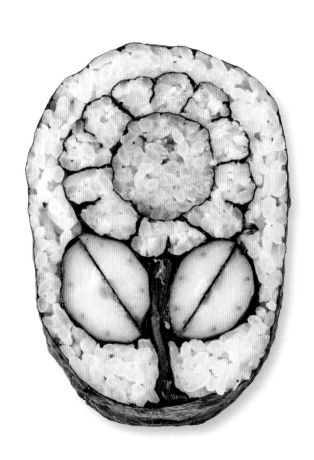

【上手に作るポイント】

◆ 花びらの細巻は同じ大きさになるように分量や巻き方に注意して巻く

◆ 花びらの細巻を切るときは、海苔がしっとりしてから一気に切ると、花びらの形が崩れない

◆ 花を組むときは、芯になる丸巻を巻きすにのせ、花びらを1本ずつのせる。巻きすは少しだけ開き、ずらしながら行う

◆ 花が崩れないように、花を巻くときはしっかり締める

【海苔の分量図】

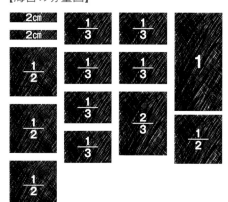

1 花を巻く。海苔（½枚）に鶏そぼろ飯をのせて丸く巻く。

2 海苔（⅓枚）に玉子飯15gをのせて丸く巻き、上から全体を押して楕円の細巻に形作る。これを6本作る。

3 2をそれぞれ縦半分に切る。

4 巻きすに1をのせ、1に3のすし飯の面をつけるように1本ずつのせ、くるりと1周する。巻きすの中で少しずつずらしながらのせる。

5 12本すべてのせたら巻きすを丸めて締め、形を整える。

6 葉を作る。キュウリを10㎝長さに切り、縦に3等分に切る。両端に海苔（2㎝）をはさみ、海苔（½枚）で巻く。これを2本作る。

7 茎を作る。煮かんぴょうは10㎝長さに切り、海苔（⅔枚）の上に幅4㎝に広げて巻く。

8 全体を巻く。海苔（1と½枚）に、左右の端をそれぞれ4㎝ずつあけてすし飯100gを均等に広げ、5の花をすし飯の中央にのせる。

9 花の上に7の茎を立て、その脇に6の葉を左右対称に傾けてのせる。

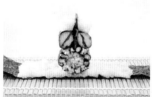 

10 葉の上にすし飯を30gずつのせ、巻きすを持ち上げて海苔を閉じ、しっかり巻く。

11 巻きすをはずして飾り巻をまな板にのせ、巻きすをかぶせ、上から押さえて形を整える。巻きすをはずして4切れに切り分ける。

桜の木

かんぴょうを海苔で包まずにはさみ、すし飯を少しずつのせながら枝分かれした幹を作ります。かんぴょうを重ねることで幹の太さを出すのもポイントです。また、幹の左右に置くすし飯の量に差をつけ、非対称に広がる枝を表現します。

【材料】
- すし飯　200g
  → 100g　30g　30g　40g に分ける
- おぼろ飯　（すし飯 140g ＋おぼろ 20g ＋刻んだ紅ショウガ 10g）　170g
  → 40g　20g　30g　80g に分ける
- 煮かんぴょう　25g
- 煎り白胡麻　小さじ1/2
- 明太子　5g
- 青海苔　少々
- 野沢菜漬（刻む）　少々
- 海苔　⅙枚×2　1と⅓枚　⅙枚

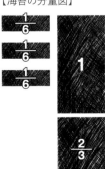

- 煮かんぴょう　・おぼろ　・紅ショウガ
- 明太子　・煎り白胡麻　・青海苔
- 野沢菜漬

上手に作るポイント

- ◆ 最初に置くすし飯の山は幹が中央にくることを想定して作る
- ◆ 2つのすし飯の山は左右の端を高く形作る
- ◆ 幹はすし飯の山でしっかり押さえ中央に立てる
- ◆ 最後にのせるおぼろ飯は、あらかじめカマボコ形に成形してからのせると形が決まりやすい

【海苔の分量図】

$\frac{1}{6}$
$\frac{1}{6}$
$\frac{1}{6}$
1
$\frac{2}{3}$

1 幹を作る。煮かんぴょうは10cm長さに切りそろえ、海苔（⅙枚）に広げて重ね並べ、海苔（⅙枚）を重ねる。

2 全体を巻く。海苔（1と⅓枚）に、左右の端をそれぞれ5cmあけてすし飯100gを広げ、煎り白胡麻をすし飯全体に振る。

3 ②のすし飯の中央が右端になるように、すし飯30gで山を作る。左端が高くなるように形作る。

4 ③の山の右側に①の幹を立てる（幹が下に広げたすし飯の中央になるように）。

5 すし飯30gで④の幹の右側に山を作る。右端が高くなるようにして、③の山と同じ高さにする。

6 ③、⑤の山の内側の斜面に明太子を散らす。

7 おぼろ飯40gを棒状に丸めて幹の右側に置き、おぼろ飯20gを丸めて幹の左側に置く。

8 海苔（⅙枚）を2つ折りにする。幹の先端を広げて海苔の折り目を下にして張りつけ、幹をV字に広げる。

9 おぼろ飯30gを棒状に丸め、広げた幹の左上に置く。

10 おぼろ飯80gを10cm長さのカマボコ形に形作り、⑨の上にのせる。

11 巻きすを持ち上げて左右を締め、すし飯40gをのせて上部を覆い、海苔を閉じてしっかり巻く。巻きすをはずして飾り巻をまな板にのせ、巻きすをかぶせて上から押さえて形を整える。巻きすをはずして4切れに切り分け、青海苔と野沢菜漬を混ぜたものを散らす。

■ 柿

柿の実についた枝をかんぴょうで作りますが、短い枝と長い枝を組み合わせるのがポイントです。実のほかに葉も2枚つけて非対称の図柄に仕上げます。枝と実、葉の間にそれぞれバランスよくすし飯を詰めてきれいな図柄に巻きましょう。

【材料】
- すし飯　200g
  → 100g　10g　20g　15g　15g　40g に分ける
- トビコ飯（すし飯 65g ＋トビコ 15g）　80g
- 煮かんぴょう　20g
- キュウリ　10cm
- 煎り白胡麻　小さじ1
- ホウレンソウ（ゆでて水気をきったもの）　10g
- 海苔　3cm　⅔枚　⅓枚×2　¾枚　1と½枚

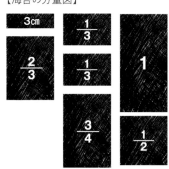

- トビコ　・煮かんぴょう　・キュウリ
- 煎り白胡麻　・ホウレンソウ

上手に作るポイント

◆ 短い枝は実に垂直に立てるため、すし飯に包丁で切り目を入れて差し込む

◆ 置く場所によってすし飯の量を微妙に変えて非対称の図柄にするため、すし飯の計量はきちんと行う

◆ 枝や葉は巻き上がりを想像しながら置く位置や傾きなどを決める

◆ 小さなすき間ができやすいので、すし飯を置くときはしっかり詰める

【海苔の分量図】

3cm	⅓	
⅔	⅓	1
	¾	½

1 枝を2本作る。海苔（3㎝）に煮かんぴょう1本をのせ、1㎝幅になるように巻く。海苔（⅔枚）に残りの煮かんぴょうを6㎝幅に広げて並べ、巻く。

2 葉を作る。キュウリは正方形の棒状になるように四方を切り落とし、切り落としたものを2本ずつ組み合わせて、それぞれ海苔（⅓枚）で巻く。

3 柿の実を作る。ホウレンソウは10㎝長さに切り、海苔（¾枚）の中央に置く。トビコ飯を棒状にしてその上にのせ、丸めて楕円に形を整える。

4 全体を巻く。海苔（1と½枚）に、左右の端をそれぞれ4㎝あけてすし飯100gを広げ、すし飯の上に煎り白胡麻を振る。

5 ④のすし飯の中央にすし飯10gで山を作り、右脇に葉を1本左側が下になるように斜めに置き、その右脇にすし飯20gを置く。

6 すし飯20gを幅2㎝、長さ10㎝の棒状に形作り、包丁で縦半分に切り目を入れる。①の短いほうの枝を切り目に差し込み、柿の実のホウレンソウのあるほうにのせる。

7 ⑤の上に①の長いほうの枝を斜めに立て掛けるように置き、右端にもう1本の葉を横にして置く。

8 ⑦の枝の左側にすし飯15gを置き、⑥を枝をつけたほうを下にしてのせる。

9 葉と柿の実の間にすし飯15gを置く。

10 巻きすを持ち上げて左右を締め、すし飯40gをのせて上部を覆い、海苔を閉じてしっかり巻く。巻きすをはずして飾り巻きをまな板にのせ、巻きすをかぶせ上から押さえながら形を整える。巻きすをとって4切れに切り分ける。

松の木

松竹梅のひとつ、松はおめでたい図柄です。かんぴょうを海苔で厚めに巻き、太い幹を作ります。幹の脇に配置するすし飯の微妙な分量の違いで、松の葉をバランスよく配置し、幹をＳ字にカーブさせます。落ち着いた地味な色合いですが、べったら漬けや佃煮をすし飯に混ぜて味よく仕上げています。

【材料】
- べったら飯（すし飯200g＋刻んだべったら漬20g）　220g
- 青海苔飯（すし飯85g＋青海苔大さじ１＋緑トビコ15g）　100g
- 佃煮飯（すし飯40g＋アミの佃煮5g＋すり黒胡麻大さじ½）　50g
- 煮かんぴょう　30g
- 海苔　１枚　１と½枚

- べったら漬　・緑トビコ　・煮かんぴょう
- すり黒胡麻　・青海苔　・アミの佃煮

上手に作るポイント

◆幹は根元を太く、先を細くするため、かんぴょうの重ね具合で太さを変化させる

◆松の葉になる青海苔飯とその間を埋めるべったら飯は、それぞれの分量で棒状に丸めておくとよい

◆すし飯を重ねるときは、安定するようにしっかり押さえる

◆曲がった幹をきれいに出すため、海苔で巻いたかんぴょうをきれいにカーブさせる

【海苔の分量図】

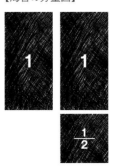

1 幹を作る。海苔(1枚)の中央に煮かんぴょうを7cm幅に1列分広げ、残った煮かんぴょうは手前側が厚くなるように重ねて並べる。

2 ①の海苔を3つ折りにしてかんぴょうを包む。

3 全体を巻く。海苔(1と½枚)に、左右の端をそれぞれ5cmあけてべったら飯100gを広げる。

4 青海苔飯40gを3cm幅ぐらいの平べったい棒状に形作り、③のすし飯の中央にのせる。

5 べったら飯20gを棒状に丸め、④の青海苔飯の左側に立てかけるように置く。

6 ①の幹の細いほうを下にして④の青海苔飯に立てるようにし、丸めたべったら飯40gを右側に置いて幹は右にカーブさせる。

7 青海苔飯30gを棒状に丸めて右のべったら飯に重ね、さらに青海苔飯30gを棒状に丸めて左側のべったら飯に重ねる。

8 べったら飯40gを棒状に丸めて左側の青海苔飯に重ね、右側にはべったら飯20gを棒状に丸めて重ねる。幹は左側にカーブさせる。

9 佃煮飯を半量ずつ⑧の幹の左右に置いて平らにならす。

10 巻きすを持ち上げて左右を締め、海苔を閉じてしっかり巻く。巻きすをはずして飾り巻をまな板にのせ、巻きすをかぶせて上から押さえて形を整える。巻きすをはずして4切れに切り分ける。

飾り巻では動物や動物のキャラクターを図柄にすることも多く、目や耳など細かなパーツを組み合わせて表情を作ります。耳は後からつけると飾り巻初心者にも比較的簡単に作れるでしょう。58ページのウサギも同様に後で耳をつけます。耳を含めてもうひと巻きし、大きなサイズの飾り巻にすることもできます。

■■ パンダ

シンプルな色でかわいい表情を作ることができるパンダは飾り巻に向く題材です。目と耳は、海苔を縦にとって横長に使いますが、そうすると巻く回数が減り、均一に作ることができます。目は2本に、耳は8つに切り分けて使います。

【材料】
- べったら飯（すし飯190g＋刻んだべったら漬30g＋煎り白胡麻小さじ1）　220g
  → 20g　100g　15g　15g　15g×2　40gに分ける
- 黒胡麻飯（すし飯75g＋すり黒胡麻5g＋ゆかり少々）　80g
  → 30g　50gに分ける
- 煮かんぴょう　10㎝2本
- 山ゴボウの味噌漬　3㎝
- 海苔　縦½枚　縦¾枚　⅓枚　⅓枚　1と⅓枚

- べったら漬
- 煎り白胡麻
- すり黒胡麻
- ゆかり
- 煮かんぴょう
- 山ゴボウの味噌漬

上手に作るポイント

◆目は楕円に巻き、たれ目になるように逆八の字に配置する

◆口は細巻を切って曲線にするが、海苔を切り離さずに切り口を開いて使う

◆すし飯や各パーツを組むときは、最終的な表情を考えながら、左右対称になるように配置する

◆巻き上げるときは、頭側を丸く、口側はやや平たく形を整える

【海苔の分量図】

縦 ½	縦 ¾	⅓	1
		⅓	
			⅓

1 耳を作る。海苔（縦½枚）を横長に置き、黒胡麻飯30gを広げて丸巻を作り、8等分に切る。

2 目を作る。海苔（縦¾枚）を横長に置き、黒胡麻飯50gを広げて楕円形に巻き、長さを半分に切る。

7 目の間にべったら飯15gを詰め、中央に④の鼻を置く。

3 口を作る。海苔（⅓枚）にべったら飯20gを広げて丸巻を作り、縦半分に切り目を入れて切り口を開く。

4 鼻を作る。海苔（⅓枚）の手前側に煮かんぴょうを広げて並べ、手前からくるくると丸く巻く。

8 鼻の左右にべったら飯を15gずつおいて平らにならし、③の口を切り口を下にしてのせる。

すべてのパーツ

9 口の上にべったら飯40gをかぶせて丸く形を整える。

5 顔を巻く。海苔1と⅓枚に、左右の端をそれぞれ4cmあけてべったら飯100gを置き、中央が高くなるようになだらかな山型に形作る。

10 巻きすを持ち上げて左右を締め、海苔を閉じてしっかり巻く。巻きすを一度はずして飾り巻の向きを変え、図柄を見ながら楕円に形を整える。巻きすをはずして4切れに切り分け、①の耳と薄く切った山ゴボウの味噌漬けを添えて仕上げる。

6 ⑤のべったら飯の中央にべったら飯15gで山を作り、左右に②の目を逆八の字になるように置く。

■■ ウサギ

ウサギの長い耳を、明太子を挟んで細長く巻いたもので作り、別に巻いた顔と組み合わせて仕上げます。頬のピンク色にはおぼろ飯を使い、かわいらしくユニークな表情になっています。

【材料】

- すし飯　100g
  → 50g×2に分ける
- べったら飯（すし飯120g＋刻んだべったら漬15g）　135g
  → 20g　50g　15g　10g×2　30gに分ける
- おぼろ飯（すし飯25g＋おぼろ5g）　30g
  → 15g×2に分ける
- 明太子　10g
- チーズカマボコ　10㎝2本
- 山ゴボウの味噌漬　10㎝
- 海苔　⅔枚×2　⅓枚×2　¼枚　⅓枚　1と¼枚　黒目用の海苔少々

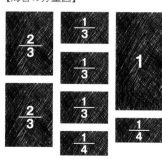

- べったら漬　・おぼろ　・明太子
- チーズカマボコ　・山ゴボウの味噌漬

上手に作るポイント

◆ 耳は滴形に巻いて、さらにカーブをつけて表情を出す

◆ 顔を巻くときに、最初に海苔に広げるすし飯はなだらかな山型にする。こうすると目などの顔のパーツが下側に寄るため表情がかわいらしくなる

◆ 頬は大きくなりすぎないようにし、位置は鼻の左右に水平にする

◆ 耳を添えるときは、まっすぐに立てて配置しても、左右をずらして配置してもよい

【海苔の分量図】

⅔	⅓	
	⅓	1
⅔	⅓	
	¼	¼

1 耳を作る。海苔（⅔枚）に奥を1cmあけてすし飯50gを広げ、すし飯の中央3cm幅に明太子5gを塗り、二つ折りにするように巻き、海苔の端を折り返す。手前側を押さえ、細長い滴形にする。巻きすをはずして巻き直し、勾玉形になるようにカーブをつける。これを2本作る。

7 ⑥のすし飯の中央にべったら飯15gで山を作り、左右に③の目を置く。目の左右の端にべったら飯各10gを置く

2 ①をそれぞれ4切れずつに切り分ける。

8 中央に④の鼻を置き、鼻の左右におぼろ飯各15gを置いて鼻とおぼろ飯の高さを揃える。

3 目を作る。チーズカマボコを海苔（⅓枚）で巻く。これを2本作る。

4 鼻を作る。山ゴボウの味噌漬を海苔（¼枚）で巻く。

9 ⑤の口を切り口を下にしてのせ、べったら飯30gをのせて上部を丸く形作る。

5 口を作る。海苔（⅓枚）とべったら飯20gで細い丸巻を作り、手でつぶすようにして楕円にし、縦に切り目を入れて切り口を開く。

10 巻きすを持ち上げて左右を締め、海苔を閉じてしっかり巻く。巻きすをはずし、飾り巻の向きを変えて巻き直し、丸く形を整える。巻きすをはずして4切れに切り分け、②の耳を添え、丸く切った海苔で黒目をつけて仕上げる。

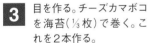

6 顔を巻く。海苔（1と¼枚）に、左右の端をそれぞれ7cmあけてべったら飯50gを広げ、中央がやや高くなるようになだらかな山型に形作る。

文字巻は名前やお祝いの言葉などを表現できて喜ばれます。「日」と「本」を例に、すし飯を細長く巻いたものを組み合わせて文字にする方法を紹介します。あまり複雑ではない漢字や数字などに向きます。何文字か組み合わせるときは、それぞれのすし飯の量をなるべく同量にすると太さがそろってきれいです。

日

直線を直角に組み合わせるだけでできる「日」は、比較的簡単にできる文字巻で、最初にチャレンジするには最適の文字です。「日本」「○○の日」など、用途が広いので、マスターしておくとよいでしょう。

【材料】
- おぼろ飯（すし飯90g＋おぼろ20g＋明太子10g）120g
- すし飯　80g
  → 40g×2に分ける
- べったら飯（すし飯120g＋刻んだべったら漬20g＋煎り白胡麻小さじ½）140g
  → 100g、40gに分ける
- 海苔　⅔枚×2　½枚×3　1と½枚

- おぼろ
- 明太子
- べったら漬
- 煎り白胡麻

上手に作るポイント

◆文字を作るすし飯は均一の厚みに広げ、長さは正確に測る

◆文字を作るすし飯を海苔で巻いた後、すべてを並べて巻きすをかぶせて上から押さえる。海苔を落ち着かせると同時に厚みをそろえる

◆文字を組むときは水平や垂直になるように組む

◆組んだ文字巻きが崩れないように注意しながら、全体を巻く

【海苔の分量図】

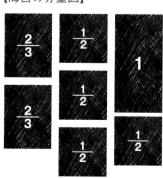

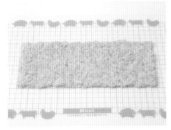

1 文字のパーツを作る。おぼろ飯を目盛りつきのまな板シートに24×10cmに広げる。

5 文字を組み立てる。4cm幅のパーツ2本に、すし飯各40gをのせて広げる。

2 ①にラップをかぶせ、包丁で6cm幅2本、4cm幅3本に切り分ける。

6 ⑤を重ね、もう1本の4cm幅のパーツを重ねる。

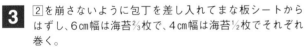

3 ②を崩さないように包丁を差し入れてまな板シートからはずし、6cm幅は海苔²⁄₃枚で、4cm幅は海苔¹⁄₂枚でそれぞれ巻く。

7 ⑥の左右に6cm幅のパーツを張りつける。

4 すべて巻き終わったらまな板に並べて巻きすをかぶせ、上から均一の厚みになるようにかるく押さえ、海苔を落ち着かせる。

8 ⑦を巻きすで巻いて締め、形を整える。

すべての文字のパーツ

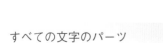

9 全体を巻く。海苔（1と¹⁄₂枚）に、左右の端をそれぞれ4cmあけてべったら飯100gを広げる。

次ページへ続く　▶

10 ⑨の中央に⑧の文字を崩さないように置き、巻きすを持ち上げて左右を締める。

12 巻きすをいったんはずし、飾り巻きの向きを変えてもう一度巻き、文字のバランスを見ながら四角く形を整える。巻きすをはずして4切れに切り分ける。

11 文字の上にべったら飯40gをのせて平らに広げ、海苔を閉じてしっかり巻く。

さまざまな飾り巻を組み合わせた盛りつけ例

菊水、松の木などのおめでたい柄と「日本」の文字巻を組み合わせて盛り込んだもの。組み合わせ次第でさまざまなお祝い事に対応させることができる。握りずしやロールずしなどを組み合わせてもよい。

 # 本

パーツを重ねたりくっつけたりするだけでなく、切って差したり挟んだりしながら組み立てます。「本」は直線ばかりでできる文字ですが、微妙な長さの違いできれいな文字ができあがるため、きちんと長さを測って作ることが重要です。

【材料】
- おぼろ飯（すし飯 85g ＋おぼろ 10g ＋明太子 5g）　100g
- すし飯　120g
　→ 30g　15g × 2　10g × 2　20g × 2 に分ける
- べったら飯（すし飯 115g ＋刻んだべったら漬 15g ＋煎り白胡麻小さじ½）
　130g
　→ 100g、30g に分ける
- 海苔　⅔枚 × 2　½枚 × 2枚　⅓枚　1 と½枚

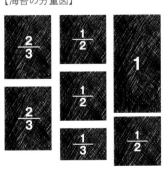

- おぼろ　・明太子　・べったら漬
- 煎り白胡麻

上手に作るポイント

◆パーツを立てるときはしっかり安定させる

◆左右対称になるよう、すし飯を詰めるときは左右均一に。すき間ができないようにしっかり詰める

◆パーツを切って使うときは中央をずらさないように注意する

◆全体を巻くときは文字を崩さないように注意し、中央に置く

【海苔の分量図】

⅔	½	
		1
⅔	½	
⅓	½	

次ページへ続く　▶

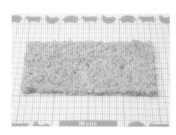

1　文字のパーツを作る。おぼろ飯を目盛りつきのまな板シートに20×10cmに広げる。

5　文字を組み立てる。5cm幅のパーツにすし飯30gをのせて広げる。

2　[1]にラップをかぶせ、包丁で6cm幅、5cm幅、3.5cm幅2本、2cm幅に切り分ける。

6　[5]を上下ひっくり返し、中央に縦に切り込みを入れ、6cm幅のパーツを差して立てる。

3　[2]を崩さないように包丁を差し入れてまな板シートからはずし、6cm幅と5cm幅は海苔⅔枚で、3.5cm幅は海苔½枚で、2cm幅は海苔⅓枚でそれぞれ巻く。

7　3.5cm幅のパーツ2本にそれぞれすし飯15gで三角形の山をつけ、[6]の左右に斜めに組み合わせ、安定するようにすし飯を押さえる。

4　すべて巻き終わったらまな板に並べて巻きすをかぶせ、上から均一の厚みになるようにかるく押さえ、海苔を落ち着かせる。

8　[7]でできた左右のすき間にすし飯各10gを詰め、上部を平らにならす。

すべての文字のパーツ

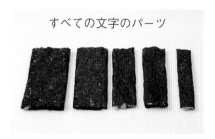

9　2cm幅のパーツを縦半分に切り、[7]で詰めたすし飯の上にのせ、垂直に立ったパーツを挟む。

10 ⑨でのせたパーツの上にすし飯各20gずつをのせて平らにならし、文字全体を手で四角く形を整える。

11

全体を巻く。海苔（1と½枚）に、左右の端をそれぞれ4cmあけてべったら飯100gを広げる。

12 ⑪の中央に⑩の文字を崩さないように置き、巻きすを持ち上げて左右を締める。

13 文字の上にべったら飯30gをのせて平らに広げ、海苔を閉じてしっかり巻く。

14 巻きすをいったんはずし、飾り巻の向きを変えてもう一度巻き、文字のバランスを見ながら四角く形を整える。飾り巻をまな板にのせて巻きすをかぶせ、形を整えてもよい。巻きすをはずして4切れに切り分ける。

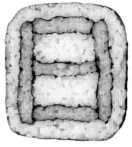

60ページの「日」と組み合わせて「日本」

65

画数が多かったり払いや撥ねがあったりする複雑な文字でも、かんぴょうなら上手に表現することができます。基本は煮かんぴょうを文字の一画の長さに幅をとり、海苔で巻いたものを組み合わせます。左右非対称の文字の場合、巻き終えたら正しく見えるほうの端を薄く切り落としてから切り分けます。

祝

文字巻の中でも定番といえる「祝」。まず「ネ(しめすへん)」を作り、つくりの「兄」を添えて完成させます。「兄」の口は玉子焼にして変化をもたせます。文字を逆さに組んで作るので、左右や上下の向きに注意しながら組み立てます。

【材料】
- すし飯　150g
  ‣30g　20g　10g　40g　15g　15g　20g に分ける
- おぼろ飯（すし飯125g＋おぼろ15g＋煎り白胡麻小さじ½）　140g
  →100g　40g に分ける
- 玉子焼　2×2.5×10cm
- 煮かんぴょう　適量
- 海苔　3cm　½枚　½枚　¼枚　⅓枚　½枚　½枚　½枚
  1と½枚

- 煮かんぴょう
- 玉子焼
- おぼろ
- 煎り白胡麻

上手に作るポイント

◆へんとつくりが同じ高さになるように、左右のバランスに注意して仕上げる

◆つながっている線が離れてしまわないように組み立てる

◆線と線の間にのすし飯はしっかり詰めて、切ったときに穴ができないようにする

◆のせたり張りつけたりするときは、しっかり押さえて安定させる

◆組み上げた文字を巻くときは、崩さないようにすし飯にのせ、巻き上げる

【海苔の分量図】

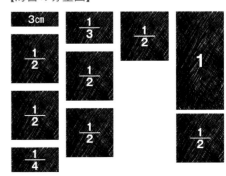

 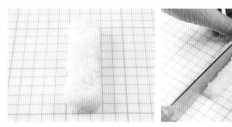

1 文字のパーツを作る。煮かんぴょうを文字の一画の幅に広げ、それぞれ海苔で巻く。煮かんぴょうの幅と海苔の長さは以下の通り。

	煮かんぴょうの幅	海苔の長さ
❶	1 cm	3 cm
❷	2 cm	⅓枚
❸	2.5 cm	½枚
❹	1.5 cm	¼枚
❺	2.5 cm	½枚
❻	3 cm	½枚
❼	4 cm	½枚

2 玉子焼は海苔(½枚)で巻く(❽)。

❶ ❷ ❸ ❹ ❺ ❻ ❼ ❽

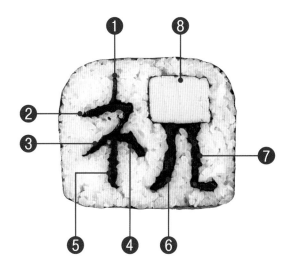

3 「しめすへん」を作る。すし飯30gを幅3cm、高さ1cm、長さ10cmに形作り、包丁で中央に縦に切り目を入れる。

4 ③の切り目に❶のパーツを差し込み、上にかぶせるように❷のパーツをのせる。

5 すし飯20gをのせて左下がりの山を作り、❸のパーツを斜めにのせる。

6 ❹のパーツにすし飯10gをのせて三角の山を作り、⑤の左寄りにすし飯を下にして張りつける。

7 すし飯40gを正三角形の棒状に形作り、⑥にのせる。

次ページへ続く ▶

13 [12]を[11]の左に張りつける。

8 [7]でのせたすし飯の中央に包丁で切り目を入れ、❺のパーツを差し込む。

9 「つくり」を作る。[8]の左側に❽の玉子焼を横長に置く。

14 全体を巻く。海苔(1と½枚)に、左右の端をそれぞれ5㎝あけておぼろ飯100gを広げ、その中央に[13]の文字をのせる。

10 ❻のパーツにすし飯15gをのせ、一方を厚く、反対側は薄く広げ、傾斜をつける。すし飯が厚いほうを下にして[9]の玉子焼の右上にのせる。

15 巻きすを持ち上げて左右を締め、上部におぼろ飯40gをのせて平らにならし、海苔を閉じる。

11 すし飯15gを幅3㎝、長さ10㎝に形作り、[10]でのせた❻のパーツの左側に張りつける。

16 巻きすをはずして飾り巻をまな板にのせ、巻きすをかぶせて上から押さえ、四角く形を整える。巻きすをはずし、文字が正しく見えるほうの端を薄く切り落としてから切り分ける。

12 ❼のパーツにすし飯20gをのせ、端を少しあけて広げ、はみ出した部分のかんぴょうはすし飯側に折る。

寿

記念日、正月、敬老の日など、お祝い事に最適な文字が「寿」です。重なりや交わりが多く、複雑な文字のため、作り方には多くの工夫が必要です。かんぴょうの幅をそろえ、ずれないように重ねてバランスよく文字を作ります。

【材料】
- すし飯　180g
  - → 90g　20g　15g×2　10g　30g に分ける
- おぼろ飯（すし飯125g＋おぼろ15g）　140g
  - → 100g　40g に分ける
- 山ゴボウの味噌漬　10㎝
- 煮かんぴょう　適量
- 煎り白胡麻　小さじ1
- 海苔　½枚×4　¾枚　⅔枚　¼枚　1と½枚

- 煮かんぴょう　・山ゴボウの味噌漬
- おぼろ　・煎り白胡麻

上手に作るポイント

◆煮かんぴょうを海苔で巻いたものは、少しおくと縮んでくるので、巻くときはきつくならないようにする

◆かんぴょう巻を重ねるときは、左右にずれないようにまっすぐ重ねる

◆包丁で切り離したり切り目を入れたりするときに、崩れないように注意

◆かんぴょう巻の間はしっかりすし飯を詰めてすき間ができないようにする

◆文字全体を四角く形を整え、飾り巻全体も四角く形を整える

【海苔の分量図】

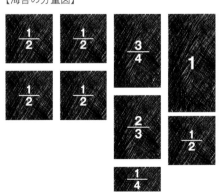

½	½	¾	1
½	½	⅔	½
¼			

次ページへ続く　▶

1

文字のパーツを作る。煮かんぴょうを文字の一画の幅に広げ、それぞれ海苔で巻く。煮かんぴょうの幅と海苔の長さは以下の通り。

	煮かんぴょうの幅	海苔の長さ
❶	各3cm	各½枚
❷	4cm	½枚
❸	6cm	¾枚
❹	5cm	⅔枚

2

山ゴボウの味噌漬は海苔（¼枚）で巻く（❺）。

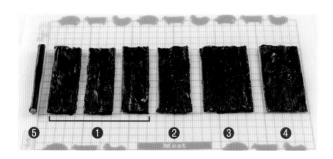

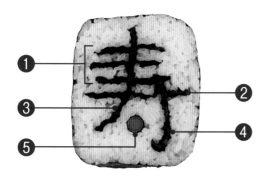

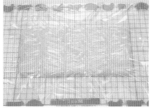

3

文字を作る。すし飯90gをまな板シートに20×10cmに薄く均一に広げ、ラップをかぶせて4cm幅5本に切る。

4

ラップをはずし、❶、❷のパーツを1枚ずつのせてすし飯を張りつける。シートからはずし、❷、❶の順にかんぴょうが下になるようにひっくり返して重ねる。

5

残ったすし飯はシートからはずして④の上に重ねる。上から押えて落ち着かせる。

6　⑤を縦半分に切り離し、それぞれ上下をひっくり返す。

7　❸のパーツを⑥で挟む。

8　飛び出た❸の右にすし飯20gを置き、先端を右に傾ける。

9

❹のパーツにすし飯15gをのせ、上下5mmをあけて広げる。手前側をすし飯のほうに折り曲げ、上下をひっくり返して反対側にも同様にすし飯15gを広げる。

70

10 8の左側のかんぴょう巻の中央に、2枚目に届くまで切り目を入れる。

15 全体を巻く。海苔（1と½枚）に、左右の端をそれぞれ4㎝あけておぼろ飯100gを広げ、煎り白胡麻を振って14の文字を中央に置く。

11 9を10の切り目に差し込む。

16 巻きすを持ち上げて左右を締め、上部におぼろ飯40gをのせて平らにならし、海苔を閉じる。

12 中央にできたすき間にすし飯10gを詰める。

17 巻きすをはずして飾り巻をまな板にのせ、巻きすをかぶせて上から押さえ、四角く形を整える。巻きすをはずし、文字が正しく見えるほうの端を薄く切り落としてから切り分ける。

13 12の上に5のパーツをのせる。

14 13の上にすし飯30gをのせ、全体を四角く形を整える。

 # 福

「祝」と同じように、まずしめすへんを作り、つくりを添えて文字を完成させます。玉子焼やピンクのおぼろ飯を文字の一部に使いましたが、カマボコを使ったり、他の色合いで作ってもよいでしょう。

【材料】
- すし飯　125g
  → 30g　20g　10g　40g　15g　10g に分ける
- おぼろ飯（すし飯145g ＋おぼろ15g ＋煎り白胡麻小さじ½）　160g
  → 20g　100g　40g に分ける
- 玉子焼　2×1×10cm
- 煮かんぴょう　適量
- 海苔　⅓枚　2.5cm　2cm　½枚　3cm　⅓枚　⅓枚　¼枚　⅓枚
  ⅓枚　1と½枚

- 煮かんぴょう　・玉子焼　・おぼろ
- 煎り白胡麻

上手に作るポイント

◆へんとつくりが同じ高さになるように、左右のバランスに注意して仕上げる

◆つくりは、それぞれのパーツが平行に並ぶように組み立てる

◆へんとつくりが離れすぎないように並べる

◆組み上げた文字を巻くときは、崩さないようにすし飯にのせ、巻き上げる

【海苔の分量図】

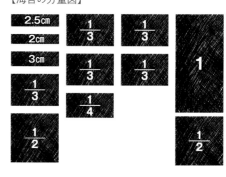

1

文字のパーツを作る。海苔（⅓枚）におぼろ飯20gを棒状にのせ、2cm幅に平べったい四角に巻く（**7**）。

2

玉子焼の厚みを半分に切って海苔（2.5cm）を挟み、縦半分に切って海苔（2cm）を挟む。海苔（½枚）で巻く（**8**）。

3

煮かんぴょうを文字の一画の幅に広げ、それぞれ海苔で巻く。煮かんぴょうの幅と海苔の長さは以下の通り。

	煮かんぴょうの幅	海苔の長さ
❶	1cm	3cm
❷	2cm	⅓枚
❸	2.5cm	⅓枚
❹	1.5cm	¼枚
❺	2cm	⅓枚
❻	2cm	⅓枚

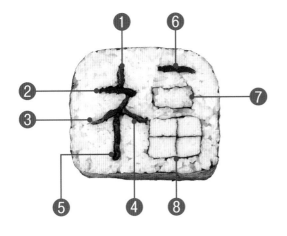

4

「祝」と同様に（66～67ページ）「しめすへん」を作る。

5

6のパーツにすし飯15gを広げ、**4**の左にかんぴょうを下にして添え、**7**のおぼろ飯巻をのせる。

6

5の上にすし飯10gをのせ、**8**の玉子焼をのせる。

7

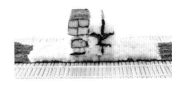

全体を巻く。海苔（1と½枚）に、左右の端をそれぞれ5cmあけておぼろ飯100gを広げ、その中央に**6**の文字をのせる。

8

巻きすを持ち上げて左右を締め、上部におぼろ飯40gをのせて平らにならし、海苔を閉じる。

9

巻きすをはずして飾り巻をまな板にのせ、巻きすをかぶせて上から押さえ、四角く形を整える。巻きすをはずし、文字が正しく見えるほうの端を薄く切り落としてから切り分ける。

すずめ

鳥が飛ぶ姿を横から切りとったような形で、落ち着いた色合いですが姿がかわいらしい飾り巻です。胴体の下のお腹の部分を白いカマボコにすると、色がきれいに出るだけでなく、形が安定して巻きやすいでしょう。

【材料】

・佃煮飯（すし飯 110g ＋刻んだアミの佃煮 10g）　120g
・カマボコ　10㎝
・キュウリ　縦 2 つに切ったもの 10㎝
・たくあん　1 辺が 1㎝の三角形の棒状 10㎝
・すり黒胡麻　少々
・海苔　⅓枚　½枚　¼枚　1 と⅓枚　目用の海苔少々

・カマボコ　キュウリ
・たくあん
・アミの佃煮

上手に作るポイント

◆胴体の下の部分になるカマボコは包丁を滑らかに滑らせて形よく切る

◆すし飯はある程度形を作ってからカマボコにのせる

◆尻尾やくちばしは海苔がはがれやすいので、海苔を折るなどしてしっかりくっつける

◆切り分けるときは一番安定する向きに置いて切る

【海苔の分量図】

1 胴体の下部分を作る。カマボコは一番厚いところが1.5cmになるように厚みを切る。丸みを下に縦長に置き、左から長さ²⁄₃のところから包丁を入れて左端に向かって丸くそぐ。さらに右端から包丁を入れ、先に包丁を入れたところまで丸くそぐ。

2 1のカマボコのそいだ面に海苔(¹⁄₃枚)を張りつけ、はみ出した部分は切り落とす。

3 尻尾とくちばしを作る。キュウリは厚みの半分ぐらいに包丁を入れ、斜めに切って細長い3角形に切る。

4 3のきゅうりを海苔(¹⁄₂枚)で巻き(尻尾)、たくあんも海苔(¹⁄₄枚)で巻く(くちばし)。

5 全体を巻く。海苔(1と¹⁄₃枚)の中央に2を置き、佃煮飯を楕円に形作ってのせる。佃煮飯は、左側は高く、右側は低くして下のカマボコに沿うように窪ませる。

6 巻きすを持ち上げて右端に4の尻尾、左側にくちばしをのせる。

7 左側の海苔を折り、くちばしをしっかり巻き込むように押さえる。折った海苔を佃煮飯に張りつけ、右側の海苔も折り込んで閉じる。巻きすの横から形を見ながら締め、鳥の形に整える。

8 巻きすをはずして切り分け、黒目の海苔を飾り、目の下側に黒胡麻を振って仕上げる。

いろいろなパーツや色の違うすし飯を組み合わせ、絵を描くように作る飾り巻です。小さなパーツや少量のすし飯をのせたり張りつけたりして組み上げるため、すき間ができたり、均一に広げられなかったりしやすいので注意を。必ず巻き始める前にパーツをそろえ、すし飯も使用する分量に分けておきましょう。

富士山

雪をいただく富士山の風景で、おめでたさも感じられます。空や山裾は、すし飯の色づけを工夫して微妙な色合いで表現し、山頂はカマボコを切って使います。サイズが大きいので、一体感が出るように仕上げにしっかり締めて形作ります。

【材料】
- 明太子飯（すし飯60g＋明太子10g）　70g
  → 10g　40g　20g に分ける
- 緑トビコ飯（すし飯45g＋緑トビコ15g）　60g
- 青海苔飯（すし飯50g＋青海苔小さじ1＋刻んだ野沢菜漬の茎10g）　60g
- おぼろ飯（すし飯35g＋おぼろ小さじ1）　40g
  → 20g×2 に分ける
- トビコ飯（すし飯40g＋トビコ10g）　50g
- カマボコ　10cm　・明太子　少々
- 海苔　½枚　¼枚　¾枚　1と½枚

- カマボコ　・魚肉ソーセージ
- 緑トビコ　・青海苔　・野沢菜漬
- 明太子　・おぼろ　・トビコ

上手に作るポイント

◆青海苔飯に加える野沢菜漬は刻んだらしっかり水気を絞る

◆カマボコをきれいな山型に切り、溝を切って雪山を表現する

◆なだらかな斜面を作るように、カマボコとともに2色のすし飯を広げる

◆山が中央にくるように、山の左右にのせるすし飯などのバランスを整える

◆全体は丸くカマボコ形に形を整える

【海苔の分量図】

½　¾　1

¼

½

1 太陽を作る。魚肉ソーセージは幅⅓を切り落とし、海苔(½枚)で巻く。

2 飛んでいる鳥を作る。海苔(¼枚)に明太子飯10gをのせて細い丸巻を作り、縦半分に切り目を入れて切り口を左右に開く。

3 富士山を作る。カマボコを縦長に置き、上は1cm、下は4cmになるように左右を斜めに切り落として台形にする。

4 ③を倒し、長い辺にギザギザに切り込みを入れて切りとり、3〜4本溝を作る。

5 巻きすに海苔(¾枚)をのせて中央に④をおき、巻きすを持ち上げて④の側面に海苔をつける。緑トビコ飯をのせて平らに広げ、さらに青海苔飯をのせて広げ、全体を山の形に整える。

6 ⑤の山をまな板にのせ、巻きすをかぶせて上から押さえ、形を整える。はみ出した海苔は切り落とす。

7 全体を巻く。海苔(1と½枚)の中央に⑥を置く。

8 山の右裾に明太子飯20gを丸い棒状にして置き、左裾に明太子飯40gを三角の棒状にして置く。

9 右のすし飯の上に①の太陽をのせ、左の上に②の鳥を切り口を下にしてのせる。

10 太陽と鳥の上におぼろ飯各20gをのせて覆う。

11 おぼろ飯の上に明太子を塗る。

12 山の上にトビコ飯をおいて覆い、カマボコ形に形を整える。

13 巻きすを持ち上げて左右を締めて海苔を閉じ、巻きすをはずして飾り巻をまな板にのせ、巻きすをかぶせて上から押さえて形を整える。巻きすをはずして4切れに切り分ける。

海辺の風景

海辺に立つ灯台、海に沈む太陽、空を飛ぶカモメが夕日に包まれている風景の飾り巻です。夕焼けの色は、異なる材料を混ぜたすし飯でグラデーションをつけて表現します。最後は全体をまとめるように、しっかり締めて仕上げましょう。

【材料】

- おぼろ飯（すし飯 85g ＋おぼろ 15g）　100g
  - ・15g×2　30g　20g　20g に分ける
- 青海苔飯（すし飯 60g ＋青海苔小さじ 1 ＋マヨネーズ少々）　60g
- トビコ飯（すし飯 45g ＋トビコ 5g）　50g
  - → 30g　20g に分ける
- タラコ飯（すし飯 120g ＋タラコ 10g）　130g
  - → 10g×4　20g×2　50g に分ける
- カマボコ　10cm 2本　・魚肉ソーセージ　10cm
- タラコ　10g　・玉子焼（刻む）　小さじ 2
- 海苔　1cm×2　½枚　⅓枚　½枚　½枚　⅓枚×2　1と⅔枚　⅓枚　3cm

- カマボコ　・魚肉ソーセージ
- おぼろ　・青海苔　・タラコ
- トビコ　・玉子焼

上手に作るポイント

◆ すし飯の色づけは、少しずつ材料をすし飯に加えて混ぜ、様子をみながら適した色を作るとよい

◆ カマボコや魚肉ソーセージを切るときは包丁をうまく使い、各パーツをきれいに仕上げる

◆ パーツとパーツの間にしっかりすし飯を詰める

◆ 全体を四角く形作って仕上げるため、左右にバランスよくすし飯を詰める

【海苔の分量図】

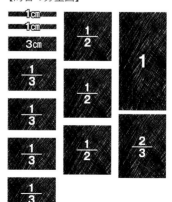

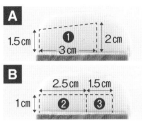

A
1.5 cm ❶ 3 cm 2 cm

B
2.5 cm 1.5 cm
1 cm ❷ ❸

1 灯台を作る。カマボコは図のように切る。1cm厚さに切るときは、カマボコ板を添えると正確に切ることができる。

2 ①で切った❷は3等分の棒状に切り、海苔（1cm）を間に挟み、海苔（½枚）で巻く。

3 ①で切った❸は左右の上の角を丸く切って半円形の棒状にし、海苔（⅓枚）で巻く。❶は海苔（½枚）で巻く。

4 太陽を作る。魚肉ソーセージは厚みの¼ほどを切り落とし、海苔（½枚）で巻く。

5 カモメを作る。おぼろ飯15gを海苔（⅓枚）で巻き、縦に中央に切り目を入れ、切り口を左右に開く。これを2本作る。

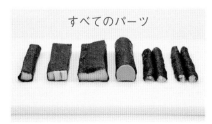

すべてのパーツ

6 風景を巻く。海苔（1と⅔枚）の中央に青海苔飯を5cm幅に広げ、右側を低くしてなだらかな斜面を作る。その上に海苔（⅓枚）をかぶせるようにのせる。

7 ⑥の斜面の右側にトビコ飯30gをのせ、海苔（3cm）をかぶせる。

8 ⑦の上に④の太陽を切り口を下にしてのせる。

9 灯台のパーツ❷の中央に❸をのせ、左右の脇にタラコ飯各10gをのせる。❶のパーツの広い面にタラコ飯各10gを広げる。これらを組み合わせて灯台を組み立てる。

10 ⑧の左端に⑨の灯台をのせる。

次ページへ続く ▶

79

11 灯台と太陽の間におぼろ飯30gを詰め、[5]のカモメを1本のせる。

12 太陽の上にトビコ飯20gをのせ、上面にタラコ5gを塗る。

13 タラコの上におぼろ飯20gを重ね、玉子焼小さじ½を全面にのせる。

14 もう1本のカモメをのせ、おぼろ飯20gをのせる。

15 左右の側面にタラコ飯各20gを張りつけ、左右を押さえる。

16 巻きすを持ち上げて左右を締め、左右の端のほうに玉子焼小さじ½をのせ、中央にタラコ5gを塗る。タラコ飯50gを全面に広げて平らにならす。

17 海苔を閉じ、四角く形作りながら締める。巻きすをはずして飾り巻をまな板にのせ、巻きすをかぶせて上から押さえて形を整える。巻きすをはずして切り分ける。

◆ 第3章
飾り巻ずし
バリエーション

飾り巻ずしの基本を習得し、花や動物、風景などの絵柄ができるようになったら、あとはオリジナルのキャラクターやおひな様などのお祝いに利用できる飾り巻ずしなどバラエティーを拡げていきましょう。レパートリーが増えれば、盛り込みずしの中に1種類入れるなど、食べる人の心をつかむすしができ上ります。

■■ ミニ お多福さん

頭と顔の2つのパーツに分けて海苔で巻く、比較的シンプルな飾り巻ずし。下ぶくれの形が特徴なので、くぼみを作りながら海苔で巻くのがポイント。「ミニ鬼くん」と一緒に節分の盛り込みにも使える。

【材料】
- ショウガ飯（すし飯150g＋甘酢ショウガ10g）160g
  → 120g　40gに分ける
- 黒胡麻飯（すし飯50g＋ゆかり少々＋黒胡麻少々）50g
  → 25g　25gに分ける
- おぼろ　少々
- 海苔　⅓枚　1枚　眉、目、口用の海苔少々

- 甘酢ショウガ（みじん切り）
- ゆかり　・おぼろ　・黒胡麻

上手に作るポイント

◆ 上段（髪と額）と下段（顔の下側）に分けることにより、きれいな下ぶくれの形ができる

◆ 髪と額の境目はなだらかにすると、やわらかい印象に

◆ 顔の形に海苔を沿わせる感じで巻くと、形がくずれにくい

◆ 顔の表情は海苔パンチなどでいろいろに作ると楽しい

【海苔の分量図】

| ⅓ |
| 1 |

1 顔の下側はショウガ飯120gを6cm×10cmに広げ、ころがしながら楕円形にまとめる(しっかりめに)。頭の上側は40gを4cm×10cmの三角形に広げ、左右の辺を指で押し、カーブをつけた山形にする。

 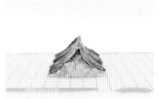

2 海苔(⅓枚)を縦半分に折り、①の上側の山に沿わせて貼る。

3 黒胡麻飯25gを②の山の斜面にのせる。反対側も同様にのせ、上が丸くなるように整える。

4 巻きすに海苔(1枚)を置き、①の顔の下側を中央にのせ、③を重ねる。

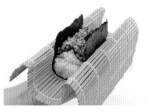 

5 巻きすを持ち上げ、形がくずれないように両側からとじながら巻いていき、巻き終わりにご飯粒をつけてとめる。側面を押さえて形を整える。

6 巻きすをはずして5切れに切り分ける。

7 海苔で眉、目、口を作って貼り、おぼろを頬につける。

ミニ鬼くん

真四角な顔に真ん丸の目、真一文字の口で、やんちゃな"小鬼"を表現しました。くるくるの鬼の髪の毛は、細巻を半分に切り、組み合わせて作ります。ツノはチーカマ、目はスティックチーズと子どもになじみのある食材を使います。

【材料】
- 玉子焼飯（すし飯60g＋玉子焼25g）85g
  → 15g×2　30g　25g に分ける
- おぼろ飯（すし飯85g＋おぼろ10g）95g
  → 30g　10g　35g　20g に分ける
- スティックチーズ　3本
- チーカマ（縦半分）　½本
- 山ごぼう（細め）　5切れ
- 海苔　¼枚×4　⅓枚×2　5㎝　1枚　眉、目の海苔少々

- おぼろ　・玉子焼（みじん切り）
- チーカマ　・スティックチーズ　・山ごぼう

上手に作るポイント

◆ チーカマを巻くときは、海苔をぬれ布巾などでしめらせると巻きやすくなる

◆ 各パーツとパーツの間を少量のすし飯を足し、間に隙間ができないよう注意

◆ 口の海苔は、重ねて2枚にすると切り分けたときにはっきりと出てくる

◆ 海苔でとじたあと、巻きすで角をしっかり押さえて、四角に形を整える

【海苔の分量図】

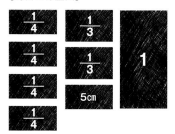

1 ツノを作る。チーカマを縦半分に切り、海苔（¼枚）で巻く。はみ出た余分な海苔は切り落とす。これを2本作る。

2 目を作る。スティックチーズを10cmの長さに切り整え、海苔（¼枚）で巻く。これを2本作る。

3 前髪を作る。玉子焼飯15gを海苔（⅓枚）で丸く巻き、縦半分に切る。これを2本分作る。

4 巻きすに海苔（1枚）を置き、中央に玉子焼飯30gを5cm幅に広げ、1のツノを埋め込む。

5 4の上に玉子焼飯25gを薄くのばして平らにし、3の前髪4本を切り口を下にして並べる。

6 5の上におぼろ飯30gを平らに広げ、中央におぼろ飯10gを棒状にのせる。

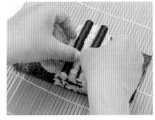

7 中央のおぼろ飯の両側に2の目をのせる。

8 さらにおぼろ飯35gで隙間を埋めるように広げ、表面を平らにする。

9 海苔(5cm)を縦半分に折り目をつけ、ご飯粒で全体をのり付けし、二つ折りにする。それを8の中央にのせ、おぼろ飯20gを全体に広げ、この時点で四角く形を整える（しっかりめに）。

10 巻きすを持ち上げ、海苔を片側ずつとじて巻き、巻き終わりをご飯粒をのりにしてとめる。巻きすで押さえて形を整える。向きを変えて四角く整え、両端も手で押さえる。

11 巻きすをはずし、5等分に切り分ける。丸く抜いた海苔をチーズの上につけて黒目にする。細く切った海苔の眉、山ごぼう鼻をつける。

おすわり クマさん

太巻の中に納まるクマの可愛らしさが子どもに人気。顔と胴体、耳、足と最初にパーツを作ってから、ピンク色のすし飯で背景を作り、全体を巻き上げます。胴体の腕の部分は海苔を折り返すことで表現します。

【材料】
- 鶏そぼろ飯（すし飯 230g ＋鶏そぼろ 30g）260g
  → 10g×2　60g　20g　15g×2　90g　20g×2 に分ける
- おぼろ飯（すし飯 75g ＋おぼろ 10g）85g
  → 15g　5g×2　15g×4
- 玉子焼飯（すし飯 30g ＋玉子焼 5g）35g
- 海苔　½枚　¼枚×2　1枚　12cm　⅓枚×2　1と½枚
  目、鼻、口用の海苔少々

- おぼろ　・鶏そぼろ
- 玉子焼（みじん切り）

上手に作るポイント

◆ 最初にパーツをすべて作ってから、ピンクのおぼろ飯でつないでいくイメージ

◆ 隙間があかないよう、つなぎのおぼろ飯の量は微調整する。ただし、見える面だけでなく、どこの面を切っても均等になるよう注意

◆ 底辺を平らにすることで、クマのおすわり感が出る

【海苔の分量図】

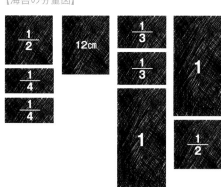

86

1 顔のパーツを作る。海苔（½枚）に玉子焼飯35gをのせ、丸く巻き、口元を作る。同様に海苔（¼枚）で鶏そぼろ飯10gを丸く巻く。これを2本作り、耳にする。

2 胴体を作る。巻きすに海苔（12cm）を置き、中央に鶏そぼろ飯60gを7cm幅に広げる。両側から海苔を折り返し、鶏そぼろ飯にかぶせる。

3 ②の中央に鶏そぼろ飯20gを2cm幅でのせる。

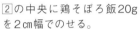

4 巻きすごと持ち上げ、両側から中央の鶏そぼろ飯をはさむように寄せ、形を整える。上下を逆さにして置く。

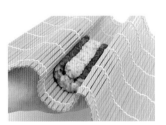

5 足を作る。海苔（⅓枚）で鶏そぼろ飯15gを楕円形に巻く。これを2本作る。

6 頭を作る。巻きすに海苔（1枚）を置き、中央に鶏そぼろ飯90gを5cm幅に広げ、①で巻いた口元を中央にのせる。

7 口元の両側に鶏そぼろ飯20gずつ置き、巻きすごと持ち上げ、巻いたら楕円形に整える。

8 巻きすをはずし、頭の中央におぼろ飯15gを2cm幅にのせ、その両側に①の耳をのせる。さらに、耳の下を支えるようにおぼろ飯5gずつつける。

9 巻きすの上に海苔（1と½枚）を置き、中央に④の胴体をのせ、両側に⑤の足を斜めに置き、ずれないようにおぼろ飯を15gずつのせて、足に胴体をつける。

10 ⑨の上に⑧の頭をのせ、つなぎにおぼろ飯15gを両側に薄くつける。巻きすを持ち上げ、海苔を片側ずつとじて巻き、巻き終わりにご飯粒をつけてとめる。両端を押さえて形を整える。

11 形が落ち着いたら4切れに切り分け、海苔で作った目、鼻、口をつける。

張子の戌
はりこ　　いぬ

子どもの成長を願い、お宮参りの際に用いられる「張子の戌」を模した飾り巻ずしです。顔の太巻に耳をあとからつける方法で、立体的に作ります。すし飯は3色を用意し、パーツごとに使い分けます。

【材料】

- ゆかり飯（すし飯80g＋黒胡麻小さじ1½＋ゆかり小さじ½）80g
  → 50g　30gに分ける
- ショウガ飯（すし飯230g＋甘酢ショウガ10g）240g
  → 30g×2　20g×6　60gに分ける
- おぼろ飯（すし飯35g＋おぼろ5g）40g
  → 20g×2に分ける
- チーカマ　2本
- かんぴょう　6cm幅
- 海苔　1枚×2　⅓枚×3　½枚　1と⅓枚　⅔枚　目、ヒゲの海苔少々

- おぼろ　・ゆかり
- 甘酢ショウガ（みじん切り）・黒胡麻
- チーカマ　・かんぴょう

上手に作るポイント

◆内側と外側に分かれている耳は1枚の海苔で作る。最初に内側の三角を直角三角形に作ると、形のよい耳になる
◆顔のパーツはそれぞれ海苔で巻いてから組み立てる。目はチーカマ、鼻はかんぴょう、口元はすし飯
◆黒胡麻飯はかたまりやすいので、ほぐしながら広げる

【海苔の分量図】

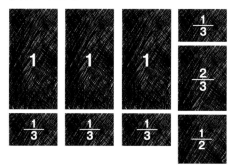

1 耳を作る。海苔（1枚）の手前2.5cm幅におぼろ飯20ｇを手前を高く、奥が低くなるように広げ、ぐるっと1周巻く（手前が直角の三角形に）

2 三角から5mmあけ、ショウガ飯30ｇを7cm幅に広げる。三角の部分を浮かせるように持ち上げ、ショウガ飯の上に倒す。さらに三角を折り返し、のりしろを残し、余分な海苔は切り落とす。

3 巻きすをかぶせて上から押さえ、直角三角形に形を整える。これを2本作る。

4 目を作る。海苔（⅓枚）でチーカマを巻く。これを2本作る。

5 口元を作る。海苔（⅓枚）にすし飯20ｇをのせ、かために巻いて縦半分に切る。

6 鼻を作る。海苔（½枚）を広げ、手前を1cmあけてかんぴょうを6cm幅に広げ、手前を折り返してからぐるぐると巻く。

7 左から耳2本、目2本、鼻、口元。パーツを揃えてから組み立てる。

8 巻きすに海苔（1と1/3枚）を置き、中央に黒胡麻飯50ｇを8cm幅に広げる。両端だけそれぞれ斜めにくずし、薄くする。最終的に10cm幅に広げる。

9 中央に黒胡麻飯30ｇを2cm幅の棒状に整えてからのせる。

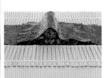

10 黒胡麻飯の上に海苔（⅔枚）をかぶせる。中央の盛り上がった部分も隙間ができないようぴったりと貼りつける。

11 中央の盛り上がった部分の両脇に、ショウガ飯20gずつのせ、海苔の上に広げる。

12 さらに中央の海苔の上にもショウガ飯20gをのせ、薄くのばして全体をおおう。

13 ⑫の中央の盛り上がりの左右に④の目をのせる。

次ページへ続く ▶

14

巻きすを持ち上げ、右手で上を押さえながら、左手で丸くしめ、中央に⑥のハナをのせる。

20

海苔を丸く抜いて黒目にし、チーカマの上につける。細く切った海苔を口元の脇につけ、ヒゲにする。

15 鼻の両側にショウガ飯20gずつのばし、目の上をおおい、鼻の上に半分に切った口元を、切り口を下にしてのせる。

16

最後にショウガ飯60gで丸くふた飯をする。

17 海苔を片側ずつしめるようにとじ、ご飯粒をのりにしてとめる。巻きすで楕円形に整え、両端を押さえる。

18

巻きすをはずして4切れに切り分ける。

19

耳2本もそれぞれ4等分し、⑱に形よくつける。

フレンチ
ブルドッグ

ひしゃげた顔が可愛らしいと人気のフレンチブルドッグを飾り巻ずしに。絵柄がやや複雑なため、目盛りつきまな板シートで寸法を測りながら、丁寧に組み立てていきます。黒目の位置により、愛嬌のある表情に変わります。

【材料】

- ショウガ飯（すし飯 100g ＋ 甘酢ショウガ 10g） 110g
  → 20g　60g　20g　10g に分ける
- 黒胡麻飯（すし飯 115g ＋ 黒胡麻 5g ＋ ゆかり少々） 120g
  → 30g　35g×2　10g×2 に分ける
- おぼろ飯（すし飯 15g ＋ おぼろ 5g） 20g
- わさび飯（すし飯 45g ＋ わさびとびっこ 5g） 50g
- スティックチーズ 3 本
- 海苔　¼枚×2　½枚　⅔枚　1＋¼枚　¼枚×2　1＋⅓枚
  目、鼻の海苔少々

- 甘酢ショウガ（みじん切り）　・おぼろ
- わさびとびっこ　・ゆかり　・黒胡麻
- スティックチーズ

上手に作るポイント

◆ パーツは耳、目。複雑に入り組んで見える顔も、ブロックごとにすし飯を少しずつ積み上げていくと作りやすい

◆ 切ったときに目の位置がずれないようすし飯の量を均等にのばすことが大切

◆ 隙間があると形がくずれやすくなるため、すし飯を隙間なく詰める

【海苔の分量図】

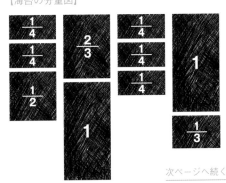

次ページへ続く　▶

1 目を作る。スティックチーズを10cmの長さに切り整え、海苔(¼枚)で巻く。これを2本作る。

2 耳を作る。海苔(½枚)の中央におぼろ飯20gを4cm幅に広げ、両側から海苔を折り返して包む。

3 黒胡麻飯30gを海苔(⅔枚)の手前から11cm幅に広げる。

4 ③の中央に②をのせ、両側から折り重ねる。巻き終わりはご飯粒をのりにしてとめておく。

5 顔を作る。海苔(1と¼枚)の両端に黒胡麻飯35gずつを8cm幅に広げる。

6 ⑤の上にラップをかぶせて持ち上げ、裏に返す。

7 巻きすに移し、⑥の中央にショウガ飯20gを2cm幅の半月状に置く。

8 山の形に合わせて海苔(¼枚)を重ねて貼る。

9 ⑧の上にショウガ飯60gを均等にかぶせる。

10 アーチの上にすし飯20gを棒状にしてから中央にのせ、2cmの高さに整える。

11 まな板の上に置いたまま片側ずつ折り返して、ショウガ飯に沿わせるようにつけていく。

12 下の平らな面をくずさないように巻きすを持ち上げ、間にショウガ飯10gを平らにのせ、海苔(¼枚)をかぶせる。

13 巻きすをいったんはずし、上下を逆にして巻きすにのせ、ラップをとる。左右のへこみに□の目を挟み込む。

14 巻きすを持ち上げ、上から手で押さえながら左手でしめる。両側の隙間に黒胡麻飯10gずつ詰める。

15 □をラップでくるみ、まな板の上に置き、巻きすで形を整える。

16 □の耳を中心から少しずらして斜めに包丁を入れ、半分に切る。

17 巻きすに海苔(1と⅓枚)を置き、中央に□をのせる。

18 巻きすを持ち上げ、両端に□の耳をのせる。

19 耳と耳の間にわさび飯50gをのせ、平らにのばし、片側ずつ海苔をとじて巻く。巻き終わりにご飯粒をのりにしてとめる。

20 巻きすで形を整えながら両端を押さえる。

21 4つに切り分け、丸く抜いた海苔を黒目につけ、切れ端で鼻を作ってのせる。

雛祭り

桃の節句の祝いずしに盛り込みたい、可愛らしい飾り巻ずしです。おびなとめびなの対を1本で作れるので、見た目よりも手間はかかりません。すし飯の色とキュウリで作る髪飾りでおびな、めびなに仕上げます。

【材料】

- すし飯　80g
- 黒胡麻飯（すし飯50g+黒胡麻小さじ2+ゆかり少々）　50g
- 野沢菜飯（すし飯45g+野沢菜5g+青海苔少々）　50g
- おぼろ飯（すし飯45g+おぼろ5g）　50g
- キュウリ2cm（輪切り）　4切れ　飾り用少々
- 玉子焼3cm×10cm（厚さ5mm）　2枚
- 海苔　½枚　7cm幅×2　1と⅓枚　眉、目、口の海苔少々

- 玉子焼を3cm×10cmの大きさに切り、5mm厚さにする

- おぼろ　・野沢菜（みじん切り）
- 青海苔　・ゆかり　・黒胡麻
- キュウリ

上手に作るポイント

◆ すし飯はおびなに野沢菜、めびなにおぼろを混ぜ合わせ、緑とピンクの2色を用意する

◆ でき上がりをイメージしながら、髪、顔、襟元、着物の順を逆さに積んでいく

◆ 襟元の玉子焼の両端を平行に切り落とすひと手間により、きれいに襟元が合わさる

◆ おびな、めびなで眉の角度を変えることで、男の子、女の子の表情が出る

【海苔の分量図】

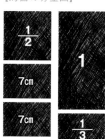

½	1
7cm	
7cm	⅓

1 髪を作る。海苔(½枚)の上に、俵状にまとめた黒胡麻飯50gを置いて巻き、縦半分に切る。

2 襟元を作る。玉子焼の長辺を平行に斜めに切り落とし、平行四辺形にする。これを2枚作り、7cm幅の海苔の中央にのせ、両側から海苔を折り重ねて包み、巻き終わりを下にして置いておく。

3 巻きすに海苔(1と⅓枚)を置き、**1**の髪を切り口が3cm幅になるように少し広げながら中央に並べておく。

4 すし飯80gを**3**の髪の上にのせます。先に髪と髪の間に詰めてから髪の幅にのせ、中央が三角になるように整える。

5 **4**の三角の辺に合わせ、**2**の襟元を屋根のようにのせる。

6 巻きすを持ち上げ、上を右手で押さえながら、頭の部分が丸くなるようにしめる。襟元の半分まで野沢菜飯50gをのせる。

7 残りの半分におぼろ飯50gをのせる。

8 片側ずつ海苔をとじ、端をご飯粒をのりにしてとめる。

9 巻きすで形を整え、両端を押さえる。

10 4切れに切り分け、色の混ざっていない面を使う。

11 おびなのしゃくを作る。キュウリの皮の切れ端を細く切り、両端を斜めに切り落とす。

12 キュウリの輪切りの側面を少し切り落とし、切り口を下にして置き、安定させる。中心を残して両側を四角く切り取る。これを2つ作る。おびなのしゃくと冠の完成形。

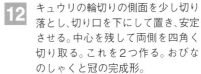

13 めびなの髪上げ具を作る。キュウリの側面を少し切り落とし、切り口を下にして置き、側面を斜めに、真ん中も三角に切り取る。

14 キュウリの皮の切れ端に細く切り込み、切り込みを開いて扇にする。

15 海苔で眉、目と口をつけ、おびなの頭に冠、襟元にしゃく、めびなの頭に髪上げ具、襟元に扇をつけて仕上げる。

■ 三つ割梅

季節感のある花の図柄は飾り巻にも最適。早春に花を咲かせる梅はお正月明けからの盛り込みに重宝します。梅の形はいろいろとありますが、家紋にもなっている三つ割の梅は格調が高く、お祝いの席の盛り込みに最適です。

【材料】
- おぼろ飯（すし飯125g＋おぼろ15g）140g
  → 60g　40g×2に分ける
- 白胡麻飯（すし飯45g＋白胡麻少々）45g
  → 10g×3　5g×3に分ける
- 山ごぼう9cm長さ　1本
- 海苔　7cm幅×19cm長さ　6cm幅×19cm長さ×2
  1cm幅×19cm長さ×3　4cm幅×19cm長さ　1と¼枚（6cm幅）

・白胡麻　・おぼろ　・山ごぼう

上手に作る ポイント

◆ 梅の花びらは大1小2の3本を組み合わせ、これを3等分して組む

◆ 花びらは間に海苔を挟んで2つ折りにするように巻くと、きれいなしずく形になる

◆ 組み方がやや複雑なので、その手順をよく覚えておく。花びらを組むときは少量のすし飯で均等につないでいく

◆ 仕上げはきっちりと巻きしめ、スパッと切り口をなめらかにすると、品格のあるすしになる

【海苔の分量図】

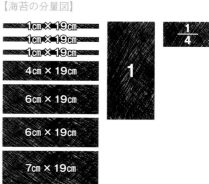

1cm×19cm
1cm×19cm
1cm×19cm
4cm×19cm
6cm×19cm
6cm×19cm
7cm×19cm
¼
1

1 大きい花びらを作る。巻きすに海苔(7㎝×19㎝)を置き、おぼろ飯60gをのばす。

7 花びらの切り口の中心に山ごぼうの花芯をのせる。巻きすの上で裏返し、花びらの間に白胡麻飯10gずつ詰める。

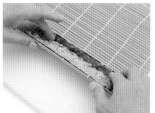

2 ①の向こう側に海苔(1㎝幅)をのせ、手前から2つ折りにするように巻き、しずく形にする。

8 ⑦の形がくずれないようにラップで巻き、形を整える。

3 小さい花びらを作る。巻きすに海苔(6㎝×19㎝)を置き、おぼろ飯40gをのばし、向こう側に海苔(1㎝幅)をのせ、2つ折りにして巻き、しずく形にする。これを2本作る。

9 ⑧のラップをはずし、三等分にする。

4 山ごぼうを縦半分に切り、海苔(4㎝×19㎝)で巻く。このとき、海苔はぬれ布巾などで少ししめらせると巻きやすい。

10 三等分した⑨を花芯を外側にし、手の上に2つ並べて密着させる。

11 ⑩の中央に白胡麻飯10gをのせ、つなぎにする。

5 海苔で巻いた山ごぼうが花芯になる。大きい花びら1本と小さい花びら2本を組み合わせる。

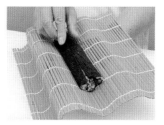

6 大小の花びらのとじ目を少し切り落とす。巻きすを手で持ち、大きい花びらの切り口を上にしてのせ、その両脇に小さい花びらを同様にのせる。

12 組んだ残りの花びらをのせ、すし飯同士をくっつけるように密着させる。外側のくぼみにそれぞれ白胡麻飯5gを詰める。

13 巻きすの上に6㎝幅に切った海苔(1と¼枚)を置き、⑫をのせ、端から巻く。

14 巻きすをかぶせて巻きしめ、丸く形を整え、巻きすをはずして三等分に切り分ける。

雪だるま

海苔で巻いた大小の円を重ねて雪だるまに。おぼろなどすし飯を暖色系にすると、ほっこりと温もりを感じる巻ずしになります。ここでは白胡麻も混ぜ、雪に見立てました。大小の円を楕円形にして重ねると鏡もちになります。

【材料】
- すし飯　140g
  → 60g　80g に分ける
- おぼろ飯（すし飯 130g ＋ おぼろ 20g ＋ 白胡麻小さじ 1 ½）150g
  → 80g　20g×2　10g×3に分ける
- 玉子焼（2㎝ × 10㎝）　1 枚
- キュウリ　少々
- 山ごぼう　少々
- 海苔　⅓枚　½枚×2　⅔枚　1 枚　目、口の海苔少々

- おぼろ　・白胡麻　・玉子焼
- キュウリ　・山ごぼう

【上手に作るポイント】

◆雪だるまの白飯はしっかりめに巻くと形がくずれにくい

◆雪だるまの円がいびつにならないよう、全体を巻くときに力の入れ方に注意する

◆顔のパーツは海苔の切れ端材を使う。海苔パンチの種類を変えれば、いろいろな表情が作れる

【海苔の分量図】

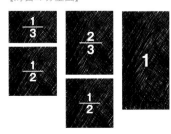

1 帽子を作る。玉子焼を上辺1cm、底辺2cmの台形に形を切り整え、海苔（⅓枚）で巻く。

2 巻きすに海苔（½枚）を置き、すし飯60gを俵状に丸めてのせ、丸く巻き、頭を作る。同様に海苔（⅔枚）ですし飯80gを丸く巻き、胴にする。

3 まな板の上に②の頭と胴を並べて置き、間におぼろ飯10gをのせ、隙間をうめる。

4 ③を裏返し、反対側も同様におぼろ飯10gで隙間をうめ、雪だるまを起こして両側を押さえて形を整える。

5 巻きすに海苔（1と½枚）を置き、中央におぼろ飯80gを17cm幅に広げる。

6 中央に④の雪だるまを置く。

7 巻きすを持ち上げ、雪だるまの頭の上に少し斜めに①の帽子をのせる。

8 帽子の左側におぼろ飯20g、右側におぼろ飯10gをのせ、隙間を埋める。

9 おぼろ飯20gでふた飯をし、片側ずつ巻きすをかぶせて海苔をとじる。雪だるまをつぶさないよう巻きすで楕円に巻き、側面も手で押さえて平らに整える。

10 4等分に切り分ける。

11 海苔の端材で目、口を作り、山ごぼうを薄い小口切りにして服のボタン、細く切ったキュウリで腕を作り、雪だるまを飾る。

鏡もち

「雪だるま」を楕円にして重ねると「鏡もち」になります。お正月の間はこの形で盛り込むと喜ばれます。材料はほぼ同じ。雪だるまで使った玉子焼は鏡もちを飾る三宝になります。

1 三宝を作る。玉子焼を2cm×10cmに切り、海苔(⅓枚)で巻く。

2 飾りのみかんを作る。海苔(4cm幅)で山ごぼうを巻き、ご飯粒をのりにしてとめる。

3 海苔(⅔枚)ですし飯80gを楕円に巻き、海苔(½枚)ですし飯60gを楕円に巻いて重ね、鏡もちを作る。

4 手で持ち上げ、鏡もちの重なった部分におぼろ飯10gで埋める。反対側も同様にする。

5 巻きすに海苔(1と½枚)を置き、中央に①の三宝をのせる。両側におぼろ飯40gずつを7.5cm幅にのばす。

6 三宝の上に④の鏡もちを重ねる。

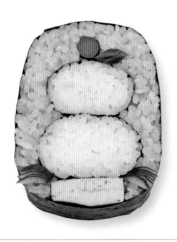

7 巻きすを持ち上げ、両側から寄せ、中央に②のみかんをのせる。みかんの両側をおぼろ飯20gずつで埋め、おぼろ飯10gでふた飯をする。

8 片側ずつ巻きすをかぶせて海苔をとじ、形を整える。切り分けてからキュウリの皮でみかんの葉と裏白の葉を作り、鏡もちにつける。

◆第4章
細工ずし

細工ずしとは、すしダネを使って、桜や紫陽花などの花、鶴やウサギなどの鳥や動物、イカやコイといった魚介などの形を模しもので、すしに季節感が出て、感動が生まれます。また、すしダネの切り方や包丁の入れ方で、すしの見ために変化が生まれ、美しいすしになります。ぜひ、身につけましょう。

◆ 握りずしの細工

握りずしはともするとシンプルになりすぎるため、ちょっとした細工が施されたものが一つでもあると、目にも楽しく喜ばれます。手早くでき、特別な材料も不要な細工の手法をいくつか習得しておきましょう。包丁使いや材料の組み合わせだけでなく、土台のすし飯も丸や三角に握ると表現の幅が広がります。

■ コハダの飾り包丁

江戸前ずしの代表的なすしダネで、店の技術が表れるといわれるコハダ。仕込みや切りつけが店によって異なり、包丁の入れ方ひとつで食べやすくなり、目を楽しませることもできます。二つ切り（片身づけ）の代表的な化粧包丁を紹介します。

1尾を二つ切りにして背ビレを落として用意し、中央の身の厚い部分に、縦に1本やや深めに包丁目を入れる。握るときは切り目をやや広げるようにする。

身全体に斜め格子に包丁目を入れる。すべて同じ間隔で包丁目を入れるが、切り目があまり細かすぎても見栄えがよくないので注意。

斜めに1本やや深めに包丁目を入れ、それと交差させるようにもう1本同じ深さで斜めに包丁目を入れる。2本の切り目を同じ長さにするように切りつける。

頭側を5mmほど残して縦に3本切り分け、三つ編みにする。切り分けた身1本1本が同じ太さになるようにする。

身全体に、2～3mm間隔で斜めに包丁目を入れる。切り目が平行になるようにし、身の厚い部分は深く、薄い部分は浅く入れる。

■ イカの
細工

白く、シンプルだからこそ、イカは細工を行いやすいすしダネです。すぐにできるものから工夫を凝らしたものまで紹介します。大衆的なすしダネですが、細工することで華のある一貫へとランクアップさせることが可能です。

◆鶴

◆イカ

1 イカを4×8cmに切り、四方をそれぞれ少し切り落とす。

4 すし飯15gを通常の握りずしと同様に握り、③をのせて、布巾をかぶせ、上から押さえて密着させ、形を整える。

1 イカを5×8cmに切り、縦長に置いて左右を斜めに切り落として二等辺三角形にする。

4 すし飯15gをやや長い三角形に握る。

2 長い辺の一方を、ゆるやかな弧になるように切り落とす。

5 首になる部分を内側にカーブをつける。

2 ①の下側2cmほどに切り目を入れてイカの足を作る。

5 ④に②をのせ、布巾をかぶせ、上から押さえて密着させ、形を整える。

3 ②の反対側の辺の端から5mmぐらいのところに1本切れ目を入れる（鶴の首になる）。幅が広いところは食べやすく数本切り目を入れる。

6 小さく切ったマグロでとさか、キュウリの皮でくちばし、海苔で目を作って飾る。

3 ①で切り落としたイカで小さな三角形を作り、表面に斜め格子の切れ目を入れ、イカのえんぺらを作る。

6 ③をのせ、竹串などで足を広げ、イクラを2粒のせて目をつける。

◆桜

1 イカを6×7cmに切り、縦長に置いて中央に1本切り目を入れる。	**5** 4を2つ折りにする。

2 1の上下をひっくり返し、左右の端を5mmほど斜めにそぎ落とす。

6 すし飯15gを握り、円形に形作る。

3 おぼろ小さじ1を2の中央に広げ、スプーンの背で押さえる。

7 5を端から5等分に切って花びらを作る。

4 海苔を0.5×7cmに切り、3の端にのせる。

8 6の上に7をのせて花形に飾る。

◆兎

1 イカを3×8cmに切り、横長に置いて左右の端を斜めにそぎ落とす。

6 5の全体に斜め格子の切り目を浅く入れ、裏側は横に細かく浅い切り目を入れる。

2 1の中央を薄くそいで2cm幅ぐらいの溝を作る。

7 すし飯15gを通常通り握り、6をのせる。

3 マグロを1×3cmに薄く切り、2の溝にのせてイカでマグロを包むように2つ折りにする。

8 7に布巾をかぶせ、上から押さえて密着させ、形を整える。

4 3を端から薄く切る。

9 7に42切れとイクラ2粒をのせて飾る。

5 もう1枚イカを4×8cmに切り、四隅を少し切り落とす。

◆孔雀

1 イカを6×8cmに切り、縦長に置いて左右の端を斜めにそぎ落とす。

5 4を2つ折りにする。端から8切れに薄く切る。

9 イカを8cm長さに切って片方の先を切ってとがらせ、8にのせて首を作る。

2 1の中央をそぎ切って窪みを作る。

6 すし飯40gを握って扇形に形作る。

10 あいた部分にイクラ5gをのせて飾る。

3 2の窪みにほぐしたタラコ5gと細い三角の棒状に切ったキュウリをのせる。

7 6に5をのせて扇のように飾る。

11 キュウリの皮少々に細かい切れ目を入れ、広げる。

4 海苔を0.5×8cmに切り、3の端にのせる。

8 7に布巾をかぶせ、上から押さえて密着させ、形を整える。

12 11を冠羽にし、細く切ったキュウリの皮でくちばしにし、小さく切った海苔を目にして飾る。

◆ 紫陽花（あじさい）

1
スミイカなど身に厚みのあるイカを使う。4㎝幅程度のサクに取り、斜めに包丁を入れて薄いそぎ切りにする。

2
1枚の大きさは1.5㎝幅×4㎝長さが目安。角をつけるように切りつける。これを10〜12枚用意する。

3
切り身の端を箸で押さえ、先を開かせるようにくるりと巻き込み、アジサイのガクを作る。

4
すし飯の台を作る。すし飯（約25g）を直径5㎝の円形に握り、中央をくぼませ、2㎝幅に切った海苔で巻く。

5
台にガクに作った切り身をのせていく。まず、大きめのものを外側に並べる。すし飯のくぼみに差し込んでいく。

6
外側に7〜8枚並べ、残った切り身を間にバランスよく差し込む。切り身の大きさなどにより、枚数は適宜調整する。

7
ガクの中にイクラを一粒ずつ入れる。

8
キュウリの皮の部分を小さく切って扇状に飾り包丁を入れ、ガクの間に差し込む。

◆ 桔梗（ききょう）

1
キュウリの緑の部分を1㎝幅×4㎝長さに切る。これを2枚用意する。

2
キュウリの大きさに合わせ、薄焼き玉子を切り整え、キュウリ、薄焼き玉子、キュウリと重ねる。

3
イカを4㎝×4㎝の大きさにサク取りし、厚みの中心に2㎝程度の切り込みを入れる。イカは厚みのある甲イカを使用。

4
切り込みの間に②を差し込む。

5
イカの両側の余分な身を切り整える。

6
すし飯の台を作る。すし飯（約25g）を丸めて握り、中央をくぼませる。

7
⑤のイカを5等分する。

8
台の上に切り口を上にして並べ、花にする。

9
中心にイクラをのせる。

◆紅梅

1 マグロを5㎝×9㎝程度の大きさのサクに取り、厚みを揃えて3枚にそぐ。

2 巻きすにラップを広げ、おぼろで色をつけたすし飯をのばす。

3 ラップごと巻きすで巻き、直径1.5㎝の棒状にする。

4 薄くそいだマグロを縦に3枚並べる。このとき、手前の下に竹串を置くととっかかりになり、巻きやすい。棒状にまとめたすし飯を手前におく。

5 竹串を持ち上げ、マグロをすし飯に巻きつける。隙間ができないようきっちり巻く。

6 包丁で5つに切り分け、切り口を上にして花びらにし、梅の形に並べる。

7 花びらの中心に、黄身おぼろを混ぜたすし飯を丸めて置き、花芯にする。

◆朝顔

1 皮目の美しい酢じめの小ダイを使って朝顔の形の押しずしに。小ダイは皮付きの上身を用意し、身の薄い腹側を切り落とし、身の幅を揃える。

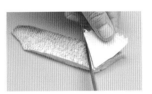

2 ①を5枚の三角形に切り分ける。まず、最初の1枚は手前を底辺にして切り、次に頂点を手前にして同じ大きさに切る。

3 続いて底辺を手前にし、同じ大きさに切る。

4 最後に頂点を手前にして切り分ける。

5 すし飯25gを取り、切り身の辺の大きさに揃えて五角形に握る。

6 すし飯の上に切り身の頂点を合わせて貼る。

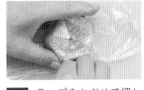

7 ラップをかぶせて押しかためる。

8 中心に黄身おぼろをのせ、木の芽を飾る。

◆石榴
<small>ざくろ</small>

1 9㎝角の海苔を用意し、角を切り取る。角が残っていると、丸めたときに厚みが出てしまうため。

2 7㎝角の薄焼き玉子を用意し、海苔と同様に角を切り落とす。海苔よりひと回り小さくすると丸めやすくなる。

3 ラップを広げて海苔、薄焼き玉子を重ね、すし飯25gを丸めてのせる。

4 ラップごと包んで茶巾にしぼる。

5 丸く形を整え、しばらくおいてなじませる。

6 ラップをはずし、しぼり口を下にして置き、全体の半分くらいの深さまで十字に切り目を入れる。

7 切り口を開き、スプーン1杯程度のイクラを間に入れる。

8 切り口を少しすぼませるようにして形を整える。

◆菖蒲
<small>しょうぶ</small>

1 トリ貝の根元の白い部分をV字になるよう切り整える。切り取った白い部分は三角に切り整える。

2 すし飯（約15g）を三角形に握り、中央をくぼませ、台を作る。

3 中央のくぼみにトリ貝の根元を差し込みながら並べ、先をたらして花びらにする。

4 トリ貝の花びらの間に、切り取った白い部分をのせ、花弁にする。箸の裏側を使って押し込むようにすると安定する。

5 中心に黄身おぼろのせる。

◆錦鯉

1 身の薄いヤリイカを使用。厚みのあるイカを薄くへいで使ってもいい。4cm×10cmに切り、鯉の形にかたどる。まず、尾に向かってゆるやかなカーブで包丁を入れる。

2 尾元のくびれを作ったら、尾先が広がるように切る。続いて尾の端から三角に切り取り、尾ビレの形を整える。

3 頭側の口元を薄くそぎ取り、背ビレにする。

4 身の表面に隠し包丁を格子状に入れる。包丁目が入ることで、すし飯と沿いやすくなり、形が美しく仕上がる。

5 尾ビレから切り取った身を2つに切り、腹ビレを作る。写真はイカから切り出したパーツで、魚体と背ビレ1枚、腹ビレ2枚。

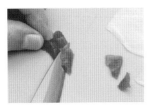

6 錦鯉の模様を作る。マグロやサーモンなどの端身を使い、薄く細かく切る。形は適当でいい。

7 海苔の切れ端も細かくちぎって模様にする。

8 すし飯をやや細めに握り、マグロや海苔の模様をバランスよく貼る。

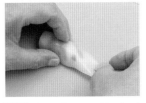

9 鯉の形にかたどったイカをかぶせ、すし飯に沿わせ、流線形に形を整える。

10 ラップをかぶせ、きっちりと指で押さえてなじませる。

11 ラップをはずし、背に⑤の背ビレをつける。

12 側面に⑤の腹ビレをつける。腹ビレ、尾ビレの形を整え、黒胡麻で目をつけて完成。ヒレに角度をつけると泳いでいるように見える。また、2尾を並べ、細長く切った大根などで川の流れを表現してもいい。

◆鶴

1 イカを5cm×8cm程度の大きさに切り、両端を斜めに切り落とし、扇面状に作る。幅の狭い側を首元にし、薄くそいでおく。

2 首元側を1cm程度残し、2〜3mm幅の切り目を入れ、羽にする。

3 すし飯25gを扇型に握り、台にする。

4 ②を手で持ち、切り目を少しずつずらして扇型に広げる。

5 すし飯の上にのせ、箸で羽をきれいに整える。

6 鶴の首を作る。8cm長さの切り身を用意し、先が細くなるように切る。首元は7〜8mm幅程度。

7 羽の下に差し込みやすくするため、⑥の首元を薄くそぐ。

8 羽の下に薄くそいだ首元を差し込み、首を羽の上に弧を描くようにのせる。

9 くちばしを作る。キュウリの緑の部分を薄切りにし、先を尖らせて細く切る。

10 マグロを小さく切って首の先につけて頭にし、⑨のくちばしをつける。海苔の切れ端を小さく切って目にする。

◆海老の唐子（からこ）づけ

1 芝エビなど身の小さいエビを使う。黄身酢おぼろに茹でたエビを漬ける。

2 黄身酢おぼろを洗い流して水気を取り、頭側を切り整える。

3 背から包丁を入れ、身を切り開く。

4 尾の近くまで包丁を入れ、身を切り開く。

5 切り離した身を開き、丸く形を整える。

6 すし飯25gをエビの大きさに合わせて握る。

7 握ったすし飯に⑤のエビをのせ、中心の尾を立てるように形を整える。

8 中央に黄身酢おぼろをスプーンでのせる。唐子づけは江戸前ずしの伝統的な仕事の一つ。

◆第5章
創作ずし

創作ずしは以前から作られてきたものですが、近年は、より現代風の細工や飾りで目を楽しませるすし作りも広まってきています。また、カリフォルニアロールに代表されるように、海外から逆輸入される新たなすしもあります。ちょっとした工夫ででき、すし店でも取り入れやすい新旧の創作ずしを紹介します。

■■ トッピングの
バリエーション

薬味を利用したり、小さな細工を施したりと、トッピングを工夫するだけでも新しい表情の握りずしになります。味の相性や色合いなどを考慮しながら自由な発想で作ると、意外なおいしさが発見でき、店の個性を出すことにもつながります。

◆ ホタテ+レモン

ホタテの握りずしに海苔を帯にして巻き、ホタテに1本縦の切り目を入れ、薄切りのレモンを挟む。ホタテの旨味がレモンの酸味で引き立つ。食べるときはレモンを取ってもよい。

◆ マグロ+芽ネギ

マグロの握りずしに芽ネギと赤芽をのせる。香りとピリッとした風味のある薬味を添えることで、マグロの濃厚な風味をさっぱりとさせる。ヅケマグロで作っても合う。

◆ 玉子焼+イクラ

玉子焼を厚めに切りつけて切り口の中央に切り目を入れ、すし飯を詰めておぼろとイクラをのせる。イクラを加えただけで目を引く豪華な味に。

◆ 白身+ミョウガ

白身の握り（写真はヒラメ）にミョウガのせん切りをのせ、青ジソを帯状に切って巻く。相性のよい薬味と合わせると同時に表情のある握りに。ポン酢ジュレをのせると夏向きの味。

◆ 甘エビ+ウニ

甘エビの握りにウニをのせ、旨味と甘味が強調され、1貫で2つの味が楽しめる贅沢な握り。エビの尾は垂らさずに身のほうに折って形よく広げると華やかさが増す。

◆ イカ+サーモン

サーモンを細く切って花形に巻き、木の芽を添えてイカの握りにのせる。細かな細工が目を楽しませる。サーモンは少量で充分なため、端材の活用にもなる。

◆海苔、青ジソを使って

Ⓐ	イカの握りに細い糸状に切った青じそ2本を交差させるように巻く。
Ⓑ	イカの握りに1cm幅程度の帯状に切った海苔を巻く。
Ⓒ	イカの握りに幅広に切った青じそをのせ、帯状に切った海苔を巻く。
Ⓓ	白身の握りに1cm幅程度の帯状に切った青じそと海苔を巻く。
Ⓔ	すし飯と種の白身との間に切った青じそを挟んで握る。
Ⓕ	白身の握りに2cm幅程度の帯状に切った青じそを斜めに巻く。

白身やイカは、海苔や青ジソを巻いたり挟んだりするだけで個性的な握りずしになる。

イカの握りに1cm幅の海苔をくるりと巻き、再度押さえて形を整える（Ⓑ）。

切りつけた白身に握りの大きさに合わせて切った青ジソをのせ、すし飯をのせて握る（Ⓔ）。

◆バラの花

すし飯を円形に握り、マグロ、サーモン、白身で作った花をのせる。花はそれぞれ薄くそぎ切りにした4枚のすしダネを巻いて作る。すし飯の上に切った青じそを敷き、花をのせる。1cm角の玉子焼の角を切り落とし、花の中心に差して仕上げる。

切りつけたタネを、端を重ねながら縦に並べ、端からクルクルと巻く。左右のどちらかをゆるく、反対を絞るように巻き、絞った側を下に倒しながら巻くとよい。

すし飯は丸く握って上下を押さえ、きれいな円形に形を整える。中心をやや窪ませ、安定して花をのせられるようにする。

◆カーネーション

かつらむきにしたキュウリの皮を細く切って葉と茎に、トビコ、おぼろ、イクラを花に見立て、イカの握りの上にトッピング。母の日には特に喜ばれる飾りずしになる。

細かい飾りつけは竹串を使って行うと作業しやすい。

軍艦巻の定番は、イクラやウニ、小柱などですが、のせるすしダネに変化を持たせたり、海苔以外の材料ですし飯を巻いたり、すし飯を変形に握ったりすると、大きくバリエーションが広がります。どんな形やすしダネの場合も、土台のすし飯をしっかり握って形を安定させることが重要です。

軍艦巻の基本技術

海苔で巻くと全体の輪郭がはっきり出るため、すし飯の握り方がよくないときれいな軍艦になりません。具を安定してのせるためにも土台のすし飯はしっかり握り、海苔はすし飯より5mmほど高くして具が落ちないように巻きます。

◆ イクラの軍艦巻

1 すし飯を握る。

2 3cm幅に切った海苔で①の周囲を巻く。

3 巻き終わりは飯粒をつけて海苔を止める。

4 イクラをスプーンなどでのせる。

軍艦巻のバリエーション

すし飯は自由に形を変えられるため、握り方次第で目新しさを出すことができ、複雑な数字や文字も作るのが簡単です。また、海苔の代わりに薄焼玉子や野菜の薄切りを使ったものは、外国人客などの海苔が苦手な人にも好まれます。

◆ 円形の軍艦巻

1 すし飯を直径4cmほどの平たい円形に握る。

2 3cm幅に切った海苔で①の周囲を巻き、巻き終わりは飯粒をつけて海苔をとめる。イクラをのせる。

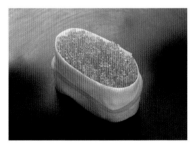

◆ 玉子で巻く軍艦巻

1 すし飯を普通に握り、3cm幅に切った薄焼玉子を周囲に巻く。

2 さっとゆでた三つ葉の茎を巻いて結び、トビコをのせる。

◆キュウリで巻く軍艦巻

1 すし飯を円形に握り、キュウリ（薄切りにしてうすい塩水に10分程つける）で周囲を巻く。

2 さいの目に切ったサーモンをのせる。

◆大根で巻く軍艦巻

1 すし飯を普通に握り、大根（薄切りにしてうすい塩水に20分程つけ、甘酢漬にする）で周囲を巻く。

2 さいの目に切ったマグロをのせ、大根にセルフィーユ（または木の芽）を張りつける。

◆軍艦巻で作る数字

1 おぼろを混ぜたすし飯を握って数字を作る。高さの目安は1.5cmにする。

2 海苔を2cm幅に数本切り（すし飯だけで作るなら1.5cm幅）、端に飯粒をつけて必要な長さにつなげる。

3 ①の周囲に②を張りつける。細かい部分は竹串を使ってしっかり張りつける。最後は飯粒をつけて海苔を止める。

4 イクラやトビコをのせて好みの色に仕上げる。

細工ずしではよく使われる手まりずし。ラップや布巾を使って形を整えるため、比較的簡単にできて取り入れやすい握り方です。すし飯とすしダネが密着するように握り、いくつか数をそろえるときは、すべて同じサイズになるようにすし飯の量やすしダネの重量を均一にします。

■ 手まりずしの
基本技術

手まりずしは全体が滑らかな球形に形作ることが重要です。すしダネは薄い正方形に切りつけ、エビなどの厚みが場所によって異なるタネはそいで厚みを均一に。四隅は斜めにそぎ落として先端にいくほど薄くするとなじみやすくなります。

◆エビの手まりずし

1 茹でエビを腹から開いて長さを半分に切って4㎝程度の正方形にする。厚いところはそいで厚みを均一にし、四隅の角を斜めにそぎ切る。

3 ラップ（または布巾）を広げ、①を身の赤いほうを下にしてのせ、②をのせる。

2 すし飯15～20gをかるく丸める。

4 ラップを絞ってタネとすし飯を密着させ、球形に全体の形を整える。

■ 手まりずしの
バリエーション

すしダネを組み合わせたり、すし飯におぼろなどの材料を混ぜて色づけしたり、一般的なすしダネではないものを使ったりと、さまざまな工夫が可能です。手まりずしを組み合わせて作った花はシンプルですが華やかで目を引きます。

◆コハダと明太子の手まりずし

コハダの半身を斜めに細くそぎ切りにし、5枚切りつける。ラップの上に放射状に並べ、かるく丸めたすし飯をのせ、絞って球形にする。ほぐした明太子を中央にのせる。

◆エビとウナギの手まりずし

基本のエビの手まりずしを作り、小角に切ったウナギの蒲焼きをのせ、貝割れ菜をあしらう。薬味なども適宜使うと色が映え、味の面でも充実する。

◆ イカとウニの手まりずし

イカを4cmほどの薄い正方形に切りつけ、四隅を斜めにそぐ。すし飯とともに球形に形作り、ウニをのせてイタリアンパセリをあしらう。

◆ 白身とトビコの手まりずし

すし飯にトビコを混ぜたものと白身で球形に形作り、緑トビコを飾る。白身をなるべく薄く切りつけると色のついたすし飯が透けて見える。

◆ 玉子の手まりずし

おぼろを混ぜたすし飯を薄焼玉子で包んで球形に形作る。玉子のとじ目を下にし、1cm幅の海苔で下側を巻き、上部は十字に切り目を入れてかるく開き、イクラをのせる。

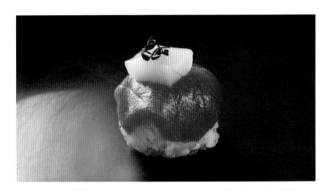

◆ マグロとホタテの手まりずし

すし飯に緑トビコを混ぜたものとマグロで球形に形作り、小角に切ったホタテをのせて芽タデを飾る。すし飯にも色があると華やかな手まりになる。

◆ 紅梅・白梅

マグロとイカはそれぞれ3cmの正方形に薄く切りつけ、四隅をそぎ切る。1個につきすし飯12gを使い、小振りの手まりずしを10個作る。マグロとイカの手まりずしをそれぞれを並べて花を作り、玉子焼を切ったものと山ゴボウの味噌漬を中心に差し込む。ラップをかぶせて密着するように押さえ、形を整える。

マグロ、イカはそれぞれ四隅を斜めにそぎ切る。

最後に全体を押さえてしっかり密着させるとよい。

いなりずしは、どちらかというと家庭的なイメージが強いすしですが、丁寧な作りや細かい細工ですし店らしさを出したいものです。詰めるすし飯に具を混ぜたり、包み方を変えたりすれば、イメージが変わります。ここで紹介した以外に、油揚げを開いてふくさに巻いたり、巾着にしたりするのもよいでしょう。

◆船

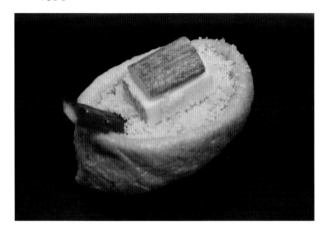

1 煮上げた油揚げの口を開き、口の端を内側に折り込む。

3 おぼろをすし飯の上に敷き詰める。

2 すし飯25gをかるく握って①に詰め、すし飯を平らにならす。

4 玉子焼、カニカマボコ、キュウリを適宜切り、③に飾る。

◆稲荷信田巻

1 煮上げた油揚げ（6×7.5cm）の左右を少し切り落とし、1枚に開く。

3 ②のすし飯の中央に、切り落とした油揚げの端と野沢菜漬、紅ショウガ各少々をのせ、手前からくるりと巻き、円筒形に形を整える。

2 ①の油揚げを縦長に置き、奥を4cm、手前を少しあけて、すし飯40gを広げる。

4 茹でた三つ葉2本を巻いて結び、長さを半分に切る。

通常の手綱ずしは巻きすで巻いて作りますが、すし飯を棒状にし、すしダネをかけるようにのせていくと、彩りやすしダネのバランスを確認しながら作ることができて失敗がありません。すしダネは握りずしのときよりも薄く切りつけ、斜めにかけるときは1枚1枚角度をそろえるときれいに仕上がります。

◆ サヨリとエビの手綱ずし

1 茹でエビ2本は尾を落として腹側から開き、半身に切る。それぞれ厚みに包丁を入れて開く。

2 酢締めにしたサヨリ1尾分は長さを半分に斜めに切る。

3 すし飯150gに煎り白胡麻小さじ1、刻んだ甘酢ショウガ5g、青ジソのみじん切り1枚分を混ぜ、20cm程度の棒状に形作る。

4 ③の上に①と②を交互に斜めにのせる。

5 キュウリの皮を細く切って甘酢につけたものの7〜8本を、④の上に斜めにかける。

6 ⑤にラップをかぶせる。

7 巻きすをかぶせて上から押さえ、すし飯と具を密着させ、全体はカマボコ形に形を整える。

8 巻きすをはずし、上のタネがずれないようにラップごと切り分ける。

◆ 紅葉

1 サーモンは通常よりも薄く切りつけて7〜8切れとる。キュウリは10cmを縦四つ割りにし(このうち2本使用)、アボカドは⅛個を薄いくし形に切る。

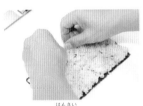

2 海苔半切(はんさい)1枚にすし飯100gを全面に広げる。

3 ②の上下をひっくり返し、中央より手前側にワサビとマヨネーズ各少々を塗り、アボカドとキュウリを並べる。

4 ③を手前からくるりと巻き、ラップをかぶせる。巻きすをのせ、上から押さえて締め、カマボコ形に形を整える。

5 巻きすとラップをはずし、表面を覆うようにサーモンを斜めにのせる。

6 再びラップと巻きすをかぶせ、上から押さえてサーモンとすし飯を密着させ、形を整える。

7 巻きすをはずしてラップごと斜めに7切れに切り分け、紅葉の葉をかたどって並べる。野沢菜漬の茎を添えて軸にする。

すしが海外に広まるにつれ、現地の食材や調理法を取り入れたり、現地の人々に好まれる形や盛りつけのすしが多く開発されるようになりました。その代表格が主に裏巻の手法で作るロールずしで、日本国内でも逆輸入されて人気も高まっています。今や定番ともいえるロールずしをいくつか紹介します。

■ ロールずしの基本技術

最初に広まったロールずしがカリフォルニアロールです。黒い海苔が苦手な人でも抵抗なく食べられるよう裏巻きにしますが、ラップを巻き込まないように注意して巻きます。派手やかな仕上がりにするため、具はあえてはみ出させます。

◆ カリフォルニアロール

【材料】
- すし飯　120g
- カニカマ　1本
- アボカド　⅛個
- リーフレタス　1枚
- キュウリ　4つ割り1本
- サーモン　1×1×10cm 2本
- トビコ　適量
- ワサビ　適量
- マヨネーズ　小さじ1
- 海苔　半切

1 カニカマは長さを半分に斜めに切り、アボカドは3切れの薄切りにして種に近い部分を切り落とす。リーフレタスは縦半分に切り、斜めに細長く切る。

3 ②の手前を2cmほどあけてトビコを敷き詰め、上下をひっくり返す。

5 ④の上にサラダ菜を一直線にのせ、カニカマを切り口を左右にはみ出させるように置く。

7 巻きすの手前を持ち上げて具がずれないように押さえ、ラップは巻き込まないように奥に引きながら巻き、巻きすの上から押さえて締める。

2 巻きすにラップを敷いて海苔を横長にのせ、すし飯を全体に広げる。奥のほうは海苔より少しすし飯がはみ出させると巻いたときに海苔が外側に出ない。

4 海苔の中央よりやや手前側にワサビとマヨネーズを塗る。

6 キュウリ、サーモン、アボカドものせる。具はそれぞれ少し海苔からはみ出るように置く。

8 まきすをはずしてもう一度巻きすをかぶせ、丸く形を整える。巻きすとラップをはずして6切れに切り分ける。具がはみ出た端は立てて盛りつける。

ロールずしの バリエーション

ロールずしは従来のすしダネにはないタネも使われることが多く、自由な発想で作りたいものです。彩りはにぎやかすぎるぐらいのほうが喜ばれます。材料の選び方によってはベジタリアンや魚が苦手という人に向くすしにすることもできます。

◆ レインボーロール

【材料】
- すし飯　120g
- 白身・サーモン・マグロ　各2切れ
- アボカド　1/8個
- キュウリ　4つ割り1本
- ベビーリーフ　適量
- マヨネーズ　適量
- 海苔　半切

1 アボカドは薄切りにする。

2 巻きすにラップを敷いて海苔を横長にのせ、すし飯を全体に広げる。

3 2の上下をひっくり返してマヨネーズを塗り、アボカド、キュウリ、リーフレタスを左右に少しはみ出るようにのせて丸く巻く。

4 巻きすとラップをはずしてまな板にのせ、白身、サーモン、マグロを1切れずつすき間なく斜めにかけ、ラップと巻きすをかぶせて締め、丸く形を整える。

5 6切れに切り分ける。

◆ エビ天ロール

【材料】
- すし飯　120g
- エビの天ぷら　2本
- キュウリ　4つ割り1本
- ベビーリーフ　適量
- マヨネーズ　適量
- 煮つめまたはウナギのたれ　適量
- 煎り白胡麻　適量
- 海苔　半切

1 巻きすにラップを敷いて海苔を横長にのせ、すし飯を全体に広げる。

2 1の上下をひっくり返してマヨネーズと煮つめを塗り、エビの天ぷら、キュウリ、ベビーリーフを左右に少しはみ出るようにのせて丸く巻く。

3 巻きすとラップをはずし、全体に白胡麻をまぶす。

4 6切れに切り分ける。

◆ ドラゴンロール

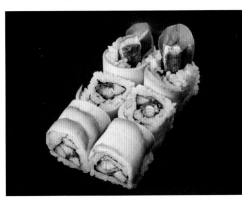

【材料】
- すし飯　120g
- アボカド　1/2個
- ウナギの蒲焼き　1cm幅、8cm長さ3本
- キュウリ　4つ割り1本
- ベビーリーフ　適量
- ワサビ　適量
- マヨネーズ　適量

1 アボカドは薄切りにする。

2 巻きすにラップを敷いて海苔を横長にのせ、すし飯を全体に広げる。

3 1の上下をひっくり返してワサビとマヨネーズを塗り、ウナギの蒲焼き、キュウリ、ベビーリーフを左右に少しはみ出るようにのせて丸く巻く。

4 巻きすとラップをはずしてまな板にのせ、全体に1をすき間なくかける。ラップと巻きすをかけ、力を入れすぎないように注意して丸く形を整える。

5 巻きすとラップをはずして6切れに切り分ける。

キュウリとイクラで飾ると"キャタピラ(イモムシ)・ロール"になる。

押しずしは主に関西圏でよく見られ、押し枠を使ったものは箱ずしとも呼ばれます。サバ、マス、穴子、小鯛などが代表的で、生のままのすしダネは使わず、酢〆めや煮つけなどにしたタネを使うのが一般的です。タネの厚みをなるべく均一にし、すし飯をつぶさないように押すときの力加減に注意して仕上げます。

■ 押しずしの基本技術

通常は押し枠に材料を上下逆さに詰めて作るため、仕上がりを想定してタネを入れます。笹を使い、押し枠を汚れにくくし、すしによい香りと防腐作用を加えます。すし飯を均一に詰め、最終的には均一に力が加わるように押して仕上げます。

◆ エビと穴子の押しずし

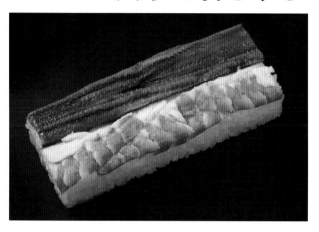

【材料】（14.5×5.5×3cmの押し枠1台分）※

- すし飯　180g
- 煮穴子　15cm 1本
- 茹でエビ　2本
- 錦糸玉子　少々
- 三つ葉（さっと茹でる）　少々

※分量は押し枠の大きさによって調整を。

1 エビは尾をとり、腹開きにする。

5 残りのすし飯をかるくまとめて4の上につめ、笹をかぶせる。

2 押し枠の底に笹を敷く。エビは赤いほうを下に、穴子は身を下に敷きつめるように入れる。

6 押し蓋をのせ、手前から中心に向かって力が入るようにかるく押す。

3 すし飯100gをかるくまとめ、2の押し枠につめる。

7 押し枠の手前と奥を返し、6の要領で押す。これを数回繰り返し、徐々に力を強くしていく。

4 錦糸玉子を広げ入れ、三つ葉も入れる。

8 押し枠と笹をはずして切り分ける。

押しずしの バリエーション

絵を描くようにすしダネをのせれば、多様な押しずしを作ることができます。この場合、基本通りに上下逆さに作るとやりにくいため、先にすし飯をつめ、絵を描くための材料は後からのせるとよいでしょう。

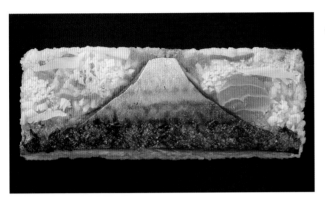

◆富士山

【材料】
- すし飯　100g
- タラコ飯（すし飯 100g ＋タラコ 10g）　110g
- 〆サバ　半身1枚
- サーモン　1切れ
- 煎り白胡麻・甘酢ショウガ（刻む）　各小さじ1
- 明太子・おぼろ・たくあん（刻む）・青海苔・緑トビコ　各少々

1 〆サバの厚みに包丁を入れ、厚みを均一にする。

5 押し枠に笹を敷き、すし飯100gをつめて煎り白胡麻、甘酢ショウガを全体に振る。

9 ④をサバの脇にのせ、タラコ飯の上のところどころにおぼろとたくあんをのせる。

12 ⑪の押し蓋を⑩にのせて押し、仕上げる。

2 ①のサバを枠の大きさに切る。押し蓋を当てて切るとよい。

6 タラコ飯をつめる。

10 サバに青海苔と緑トビコをのせる。

13 外枠と押し蓋をはずす（ラップは残す）。

3 ②のサバの皮目の模様を確かめ、ペティナイフで山頂が白い部分になるように山型に切る。

7 押し蓋をのせて一度かるく押し、押し蓋をはずす。

11 押し蓋をラップで包む。

14 そのままラップで包み、落ち着かせる。

4 サーモンはペティナイフで円形に切り、円の下を少し切り落とす。

8 ところどころに明太子を塗り、③をのせる。

応用

切り抜いたサバを使い、すし飯に黒胡麻を混ぜ、丸く抜いた玉子焼などを使い、夜の富士山に。

123

魚介では味わえない食感や色合いなど、独特の魅力がある野菜ずし。ヘルシー志向の女性などに好まれ、ベジタリアンの多い海外では欠かせないメニューです。口直しや締めの一品として活用するのがお勧めで、旬の食材を取り入れれば季節感も加わります。漬物、酢の物、昆布〆などを活用するとよいでしょう。

◆ 茄子漬

小さめの茄子漬を縦薄切りにし、握ったすし飯にのせ、柚子のせん切りをあしらう。茄子と柚子の色合いがよく、柚子の風味がポイントになる。

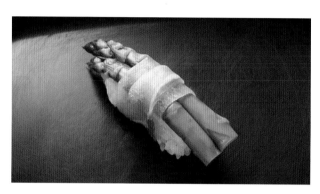

◆ アスパラガス

アスパラガスの穂先を茹でて縦半分に切り、握ったすし飯にのせ、帯状に切った生ハムを巻く。生ハムの塩気がアスパラガスとよい相性。

◆ 山芋

山芋をせん切りにし、握ったすし飯にのせ、帯状に切った青ジソで巻く。梅肉をのせる。シャリシャリした他にはない食感が生の山芋の魅力。

◆ 平茸

大きな平茸の軸を取り、サラダ油でソテーして醤油少々で調味する。握ったすし飯にのせ、茹でた三つ葉で巻く。椎茸やエリンギなどでも同様に。

◆ 筍

ゆで筍の穂先を薄いくし形に切り、醤油または煮つめを塗ってこんがり炙る。握ったすし飯にのせ、木の芽を飾る。香ばしい風味と食感が楽しめる。

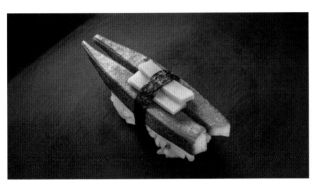

◆ オクラ

オクラはがくを落として塩もみし、さっと茹で、縦半分に切る。ニンジンを短冊に切り、茹でる。握ったすし飯にのせ、帯状に切った海苔で巻く。

◆ プチトマト

プチトマトは4つ割りにし、アボカドは薄切りにする。握ったすし飯にベビーリーフ、アボカド、プチトマトの順におき、マヨネーズをのせる。

◆ ミョウガ

ミョウガは1枚ずつはがす。握ったすし飯にミョウガを2〜3枚重ねてのせ、みょうがの窪みに水煮のワラビとフキをのせ、帯状に切った海苔で巻く。

◆ 姫大根

姫大根の漬物は薄切りにし、握ったすし飯にのせる。帯状に切った海苔で巻き、味噌をのせる。パリッとした食感が楽しめる。色のよいかぶの漬物などもよい。

すし飯に多種の具をのせる、具を混ぜ込む、鉄火丼などの具に特徴を出すなど、ちらしずしにはいろいろなタイプがあり、個性が発揮できます。細工したタネをのせたり、タネで図柄を作ったりする、いわゆるデコレーションずしもその一種。シンプルでも気の利いた一品になる例として、紫陽花ちらしを紹介します。

◆紫陽花ちらし
（あじさい）

【材料】
- すし飯　100g
- 甘酢ショウガ（刻む）　少々
- 煎り白胡麻　少々
- べったら漬　10㎝
- ゆかり　適量
- 柚子の皮　少々
- 青ジソ　3枚

1 べったら漬を1.5㎝角の棒状に切り、それぞれの辺の中央に三角に切り込みを入れて切りとる。

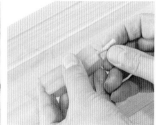

3 ②の中心に竹串を刺して穴をあけ、細く切った柚子の皮を刺す。

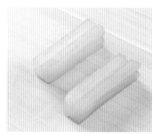

2 ゆかりに水を適量加え、①をつけてほんのり色がつくまで15分ほどおく。

4 器に甘酢ショウガと白胡麻をすし飯に混ぜてこんもり盛りつけ、③を薄切りにして散らす。

◆ 第6章
すしの基本と盛り込み

楽しい飾りを施したすしは華やかで喜ばれますが、それはすし飯の味や握り方などの基本ができていればこそ。キャリアを積むと自己流になることもあるため、常に基本を意識したすし作りを行いたいものです。すし飯、握り方、切りつけ方とともに、盛り込みの基本と応用法などのポイントを紹介します。

すしのおいしさを判断するときは、すしダネの鮮度や調理法にばかり注目しがちですが、土台となるすし飯も味を左右する大変重要な要素です。飾り巻きずしの場合、すし飯が主体となるものが多いため、特に細かく目配りして適切なすし飯を作りたいものです。すし飯の基本技術をおさらいしておきましょう。

■ 米を炊く

すし飯だからといって米を炊く手順に特別なことはありません。ただし、水は普通のごはんより少なめにして、ややかために炊くとよいでしょう。

1 米は分量を正確に計量してボウルなどに入れ、たっぷりの水を一気に注ぎ、汚れなどを洗って水を捨てる。米の粒を割らないように力を加減して研ぎ、水を注いで流す。これを数回繰り返す。

2 ざるにあけて10分ほどおき、よく水切りする。

3 米を釜に入れて同量の水を加え、10〜20分おいてから炊き始めるのが一般的。

4 炊き上がったらしっかり蒸らす。

上手に作るポイント

◆米が割れると余分な粘りが出てしまうので、研ぐときは力を入れすぎない

◆米を研いだあとはしっかり水きりする

◆新米は水分量が多いため、水を1割程度減らして炊く

◆浸水時間、蒸らし時間を充分にとる

◆浸水時間は気温によって変わるため、夏は短め、冬は長めにするとよい

■ 合わせ酢を作る

合わせ酢は、酢に塩と砂糖を加えて溶かしたもので、用途や味の好みによって配合を変えます。配合例を右表に示しました。飯と合わせる直前に作るのではなく、前もって作っておくと塩や砂糖がよく溶けて味がなじみます。

合わせ酢4種

米	あっさり（握りずし、手まりずし、一般的なすしダネ、味の濃い食材などに）			標準（どんなタイプのすしにも合う万能タイプ。ロールずしなどにも）			甘め（押しずしなどに合い、関西で好まれる味。子ども向きのすしにも）			濃いめ（野菜ずしやすし飯が主体のものに向く）		
	塩(g)	砂糖(g)	米酢(mℓ)	塩(g)	砂糖(g)	米酢(mℓ)	塩(g)	砂糖(g)	米酢(mℓ)	塩(g)	砂糖(g)	米酢(mℓ)
1合	4	8	25	4	10	25	4	12	25	5	12	27
5合	20	40	125	20	50	125	20	60	125	25	60	135
1升	40	80	250	40	100	250	40	120	250	50	120	270

■ 酢合わせする

炊いた飯に合わせ酢を混ぜることを酢合わせといいます。飯が温かくないと、合わせ酢が十分に吸収されないため、蒸らし終えたばかりの熱い飯を使います。飯の粒をつぶさないように混ぜ、全体に合わせ酢を行き渡らせてすし飯を仕上げます。一般的な炊飯器の場合は、蒸らし時間込みで炊き上がりになるので、すぐに酢合わせします。

上手に作るポイント

◆炊き上がった飯を20分前後蒸らしてから行う

◆すし飯をつぶしたり練ったりしないように、しゃもじで飯を切るように混ぜる

◆飯の1粒1粒に合わせ酢がまわるように混ぜ、作業は手早く行う

◆合わせ酢が全体にまわったら、うちわであおいで粗熱をとる

◆でき上がったすし飯は、おひつなどに移し、固く絞った塗れ布巾をかけて乾燥を防ぐ

すしダネにはそれぞれに合った切りつけ方がありますが、どんなタネでも、すし飯とのバランスを考えた大きさや厚みにすること、常に同じ大きさに切りつけることが大切です。また、すしダネを無駄にせず、効率よく切りつける方法も習得しましょう。ここでは、最も基本となるすしダネの切りつけ方を解説します。

■ マグロ

マグロのさく（長ざく）は、すしダネの大きさよりもやや小さい場合が多いため、斜めに切りつけて大きさをそろえます。また、筋目に交差するように包丁を入れます。

さくをやや斜めに傾けて置き、包丁を持っていないほうの手を添え、小口に対して斜めに包丁を入れる。

包丁を引きながら切りつけ、最後は包丁を立てて引き、切り離す。

■ 白身

白身の場合は、ヒラメの節などのように厚みがないものが多く、歯ごたえもあるため、薄くそぎ切りにします。血合いのあるものは血合いを手前側にして切りつけると向きがそろいます。

節（またはさく）をやや斜めに傾けて置き、指を添え、包丁を寝かせ、薄くそぐように包丁を引く。

最後は包丁を立てて引き、切り離す。包丁をのこぎりのように前後に動かさず、引いて切る。

■ イカ

噛み切りにくいイカは、斜めに薄く切りつけ、さらに身に包丁目を入れると食べやすくなります。特に新鮮で固いものは、糸作りにするとよいでしょう。

皮目を下にして斜めに切りつけ、縦に数本、もしくは鹿の子に包丁目を入れるとよい。

■ コハダ

コハダは大きさによって切りつけ方が変わってきます。1枚のタネの中で厚みや固さが異なる場所があるため、包丁目（化粧包丁）を入れて食べやすくします（102ページ参照）。

身の厚い部分には深く、薄いやわらかい部分には浅く包丁目を入れる。

握りずしは、箸で持ったときには崩れず、食べたときにホロッとほどけるものがよいとされます。常に同じ大きさや形、かたさに握れるように、技術を磨きましょう。細かな手順は店や人によって違う部分もありますが、いくつかある握り方の中から代表的な握り方とポイントを紹介します。

横返し

1
すし飯に触る前に手酢をつけて手をかるく湿らせる。手酢は20～30％の濃度に作り、小振りのボールに入れて用意する。

2
利き手ですし飯をたぐって握りずし1個分の分量をとり、かるく丸める。

3 あいている手ですしダネをとり、利き手の指でワサビをとってタネにつける。

4
タネにすし飯をのせる。

5 すしをのせた手の親指ですし飯の中央を押さえ、やや窪ませる。反対の手の指ですし飯の上下を押さえて形を整える。すしをのせた手ですしを包むように持ち、反対の手の人さし指と中指の腹を当てて押さえる。

6
すしを横にひっくり返してタネを上にする。

7 すしを持っていない手の親指と人さし指ですしの左右を押さえ、次にタネの上に人さし指と中指の腹を当てて握り込む。

8
すしを180°回転させて前後を変える。

9 7と同様にする。

10
完成。

本手返し

1 「横返し」の手順①、②と同様に行い、ワサビをつけたすしダネにかるく丸めたすし飯をのせる。

2 すし飯の中央を押さえて窪ませたら、すしをのせた手を丸めて左右を押さえ、同時にもう一方の手の指の腹ですし飯を押さえる。

3 すしを持った手の中で転がしてタネを上にし、反対の手の人さし指と中指にのせ替える。

4 あいた手をかぶせ、再度すしを持ち替える。このときタネが下になる。

5 あいた手で押さえながら持った手の中ですしを転がしてタネが上になるようにする。

6 すしを持った手の親指でタネを押さえ、反対の手の親指と人さし指で左右を挟み、形を整えながら握り込む。

7 ⑧すしを180°回転させて前後を変える。

8 ⑥と同様に握る。

9 完成。

握るときのその他のポイント

◆すしダネ、すし飯、ワサビなど、準備をしっかり行う

◆手酢、布巾、包丁などを準備し、位置は常に同じ場所に置く

◆姿勢をよくし、流れるような動きで手早く握る

◆タネはかるくつまむように持ち、手で触れる時間や面積をなるべく少なくする

◆盛り込みの基本

大きな飯台に数人分のすしを盛り込んだものを「盛り込み」といい、いくつかの型があります。すしを供する場所や人数、目的などによって、盛り込み方も工夫が必要になるため、まずは基本の盛り込み方を覚えましょう。盛り込みはすし作りの最後の仕上げです。美しい盛り込みですしの味を引き立てます。

■ 流し盛り

「流し盛り」は、すしを斜めに一列に並べたものを中心にする、最も基本となる盛り込み方です。飯台の奥から手前に向かって盛り、並べる角度とラインをそろえるときれいに見えます。通常は同じ色が隣り合わないようにすしダネを配置しますが、慶事では右半分に赤いタネ、左半分に白いタネをそろえて配置する「水引き型」の盛り込みにすることもあります。ここでは飾り巻を取り入れた3人前の盛り込みを紹介します。

上手に作るポイント

◆すしを傾ける角度をそろえ、横の列のラインをそろえる

◆隣同士に似たような色のものを置かない

◆高さがあり手がかかっているものは奥に、シンプルなものは手前に置く

◆エビなどの上下のあるものは、下(尾のある方)を右下側になるようにする

◆笹切りは色のバランスを見て最後に差し込み、見せたいすしダネを隠さないように使う

1 まず最初に海苔巻や飾り巻を皿の一番奥に置く。大ぶりな飾り巻は手前に置くと目立ちすぎるので、特別目立たせたくない場合は奥か脇に。

2 1の手前に軍艦巻2種を置く。軍艦巻は高さがあるので奥側に。角度をそろえて斜めに置く。

3 2の手前にコハダとエビを置く。どちらも「下」を右下にし、軍艦巻と平行に角度をそろえる。

4 3の手前にマグロとイカを置く。コハダの手前にマグロ、エビの手前にイカを置くと配色がよくなる。

5 4の手前に玉子焼を置く。変化をもたせるため、横一列に並べる。

6 5の手前にサーモンを置く。笹切りを扇のように広げて挟み、甘酢ショウガを添える。

放射盛り

どの向きからも正面に見え、どこからでもとりやすいのが放射盛りの特徴で、円卓に置く場合などに向きます。かつては、東西南北盛り、八方にらみなどともいわれていました。中心に置くものを決め、1人前がわかるように工夫して配置します。平面的にならないようにしながら、笹切りなどもうまく利用してバランスよく盛り込みましょう。ここでは飾り巻を中心にした慶事用の3人前の盛り込み例を紹介します。

上手に作るポイント

◆ 最初に中心になるものを決めて置く

◆ 中心に近いほうに手がかかったすしダネを配置する

◆ すべてのすしの向きを放射状にするではなく、横向きに置くなどすると変化が出る

◆ 1人前ずつの仕切りにしたり、高さを出したりするため、笹切りを活用する

◆ 全体のバランスを見るときは、一方からではなく、四方から確認する

1 中心にメインになる飾り巻を置く。

3 ②の間にコハダを置き、その手前にマグロと白身をそろえて置く。紅白で並べ、飾り巻の「祝」とともにおめでたさを強調する。

2 玉子焼とエビを組み合わせて3方に置く。立体感を出すため、エビは玉子焼に立てかける。この場合はエビの尾を上に。

4 ウニとイクラの軍艦巻、サーモンをそれぞれ配置する。笹切りをエビの下に挟み込み、甘酢ショウガを添える。

■ 扇盛り

手前から奥に向かって左右に広がるように盛り込む扇盛り。主賓や主役がいるときや、ビュッフェなどで壁に沿って置かれたテーブルにのせるときなどに適した盛り込みです。奥から手前に順に盛り込むのは流し盛りと同様ですが、支点を想定し、支点がぶれないように盛り込む必要があるため、注意が必要です。

上手に作るポイント

◆ 手前の中央に支点を置き、左右に広がっていくように盛り込む

◆ 支点がぶれないように、角度に注意して置く

◆ 中央にポイントになるすしを配置すると構図が決まりやすい

◆ 適宜、重ねたり、立て掛けたりして、平面的にならないようにする

◆ 笹切りも扇状に広げて利用するとよい

1 器の奥の左右にコハダと白身を逆八の字に置く。コハダは「下」を手前に向ける。

3 笹切りを扇状に広げて玉子焼にかけるように置く。

5 飾り巻を手前に向けてエビに立て掛けるように置く。

2 ①の手前に弧を描くように玉子焼を置く。

4 笹切りにエビをのせ、玉子焼に立て掛ける。

6 飾り巻の左右の脇にイクラとウニの軍艦巻を置く。奥のあいた部分にサーモンを1貫ずつ置き、手前にマグロを置く。

従来の型には当てはまらない盛り込みも、ときには活用したいものです。使用するすしはオーソドックスでも、アイデア次第で目を引く現代的な盛り込みになります。器使いやあしらいにも工夫を凝らした、特別な日やお祝いの日に向く例を紹介します。衛生面を考慮して、手早く盛り込むことが重要です。

お祝い用の盛り込み

太巻、普通の握り、鉄火巻など、どの店でも用意できるものを組み合わせてできる、3〜4人前のにぎやかな盛り込みを紹介します。器はシンプルな洋皿を使ってもよいでしょう。笹切りの代わりはハーブを使い、華やかなプチトマトなどを加えています。

上手に作るポイント

◆ ケーキのデコレーションをイメージし、中央を高く、円形に盛り込む

◆ 全体に彩りよく仕上げ、どの向きからも同じように見えるように配置する

◆ 飾りになり、そのまま食べることもできる、ラディッシュなどの野菜も活用

◆ メッセージプレートも握りずしを応用して作成

特別なすしを用意しなくても、デコレーションずしができる。家庭なら市販のお持ち帰りずしを活用してもよい。その際、ちらしずしはすし飯と具に分けておく。また、必ず消費期限内に食べきるようにする。

1 太巻を立てて輪を作るように並べる。海苔と玉子の2種を使うと華やかになる。

2 輪の中にすし飯をつめ、表面を平らにする。

3 輪の内側に沿って鉄火巻きを置く。

4 すし飯の上に錦糸玉子をのせる。

5 握りずしを周囲に置く。角度をそろえ、同じすしダネが続かないようにする。

6 甘エビは背に縦の切り目を1本入れ、くるりと丸めて尾を立てる。

7 ⑥とその他のちらしの具を飾る。甘酢ショウガを添え、飾り切りにしたラディッシュ、プチトマト、レモン、ハーブなどを飾る。

8 イカの握りを四角く形を整え、海苔を細く切って文字を飾り、すし飯の周囲にトビコをまぶしつける。⑦にのせて仕上げる。

雛祭り用の盛り込み

簡単な細工でできるお雛様と、握りずし、いなりずしなどを組み合わせた盛り込みです。お雛様を中心に置き、扇盛り（136〜137ページ）を応用した盛り込みにしています。握りずしは、マグロやサーモンなど、子どもにも食べやすいすしを中心に組み合わせました。

上手に作るポイント

◆巻き物をお雛様の胴体に利用し、頭はすし飯を丸く握って成形

◆主役のお雛様を中心に配置する

◆お雛さまが隠れないように、手前は背の低いものを置く

◆その他のすしは左右対称に扇が広がるように並べる

◆子どもに好まれるすしダネを中心に盛り込む

1 マグロの握りずしを半分に切り、ラップで包んで絞り、手まりずしを作る。同様にして手まりずしを5個作る。エビの握りずしも同様にする。

2 ハマチを丸く切り、海苔パンチで海苔を抜く。いなりずしを横に立て、左右の上端をつまんで耳を形作り、ハマチを中央にのせて海苔を飾り、熊の顔を作る。

3 ちらしずしのすし飯を棒状にまとめてまな板にのせ、ラップをかぶせる。包丁の面で四方を押さえ、平行四辺形に形作る。半分に切ってひし餅の形にする。錦糸玉子やイクラなどを飾る。

4 器の中央に、太巻と鉄火巻を組み合わせたものを盛り込む。手前に青ジソを敷いて①の手まりずしを花形に置き、中央に錦糸玉子をつめる。

5 左右に②、③を置く。

6 すし飯を握ってお雛様、お内裏様を作り、海苔や椎茸の煮物、キュウリなどで飾りをつけ、竹串で太巻に刺す。あいているところに握りずし、軍艦巻、バッテラなどを彩りよく置き、キュウリとプチトマトでぼんぼりを作って太巻きの脇に置き、甘酢ショウガも添える。

お子様用ミニちらし

具ののせ方の工夫で子どもが喜ぶちらしずしに。表情は海苔パンチ（28ページ）で抜いた海苔を使えば簡単です。

イヌ

すし飯にトビコを混ぜて丸く平たく握り、すし飯を盛った器の中央に置く。サーモン、ホタテを薄く丸く切ってのせ、海苔を飾って顔を作る。周囲に刻んだ野沢菜漬、さいの目に切ったマグロ、白身をのせ、プチトマトを飾る。

ネコ

すし飯を丸く平たく握り、そぎ切りにした白身で表の面を覆い、すし飯を盛った器の中央に置く。すし飯を小さな三角に2つ、小さな卵形に1つ握って白身で覆い、耳と足にする。サーモンと煮つめなどのタレで模様、マグロで肉球、海苔で表情をつける。周囲に錦糸卵などを飾る。

パンダ

すし飯を丸く平たい形に握り、薄切りのイカで表の面を覆い、すし飯を盛った器の中央に置く。すり黒胡麻を混ぜたすし飯を小さく丸く2つ握って耳をつけ、海苔と山ゴボウの味噌漬で顔を飾る。周囲にトビコとイクラを散らし、キュウリで笹の葉を作って添える。

クマ

すし飯を器に盛り、青ジソを敷く。イクラを熊の顔の形にのせ、玉子焼と海苔で顔を飾る。刻んだカニカマボコを周囲に散らす。

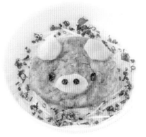

ブタ

すし飯を器に盛り、中央にたたいたトロを丸くのせ、ホタテを薄く丸く切って耳と鼻をつける。海苔で表情をつけ、周囲に白髪ネギと青ネギの小口切りを散らす。

141

すしアート
を作る

すしアートとは、ちらしずしを応用し、絵画を描くように盛り込んだすしです。図柄によっては飾り巻なども取り入れ、自由な発想で完成させます。でき上がりの美しさも重要ですが、食べておいしいことが前提です。盛り込む前に、描く図柄と材料を、簡単なスケッチにして描いてみるとよいでしょう。ここで紹介したものは、朝日が昇る富士山を描いたもので、大きさは約35×20㎝、約10人前としています。

上手に作るポイント

◆盛り込む前に実物大のスケッチを起こし、必要な材料や飾り巻などを用意する

◆土台となるすし飯は不足しないように、事前に容器に盛りつけて必要量を量り、用意する

◆盛り込みには時間をかけず手早く作業を行う

◆全体のバランスを見ながら盛り込む

◆富士山の山の色はサバの皮の色の違いを利用する

◆空の色は、トビコ、イクラ、おぼろ、たくあん、ゆかりなどを使って微妙なグラデーションをつける

◆朝日が昇る空を明るく、反対側はゆかりを多めに使ってやや暗めに色づけする

すしアートに使用する材料は、通常のすしダネのほか、トビコ、ゆかり、おぼろなどの色づけの材料、野菜、漬物など。必要に応じて適宜用意する。

1 器に土台となるすし飯（おぼろ、タラコ、煎り白胡麻を混ぜたもの）を敷きつめる。

2 1の上に、刻んだ甘酢ショウガ、煎り白胡麻を混ぜたすし飯で、富士山の土台を作る。

3 富士山の土台が完成。

4 〆サバは厚みをそいで均一にし、腹側と背側に切り分け、皮の色によって富士山の山頂と山腹とに分け、富士山の形になるように切る。これを3の土台の上に並べる。

5 〆サバを並べたらラップをかぶせ、上から押さえて形を整え、〆サバとすし飯を密着させる。

6 刻んだ野沢菜漬、青海苔を混ぜたすし飯を富士山の麓のほうにのせ、手前にある山を表現するように形作る。

7 薄く切ったサーモンを円形に切り、一部を富士山の山裾に沿うように切る。すし飯をサーモンの大きさに合わせて形作り、サーモンをのせ、富士山の脇に置く。

8 トビコ、細く切ったたくあん、イクラを土台のすし飯に適宜散らし、朝焼けの空を表現する。

9 ゆかりとおぼろを散らして空にグラデーションをつける。

10 ウナギの蒲焼きを細く切って枝に見立てて飾り、飾り巻で作った花、葉、鳥をバランスよく配置する。カマボコを薄い雲形に切ってのせ、さらにゆかり、イクラを空にちりばめる。手前にスプラウトを散らし、鳥に海苔を切って目をつける。

■ お持ち帰り用の盛り込み

テイクアウトや宅配の需要が増えているなか、飾りずしを組み込んだ盛り込みがあると、誕生日や節句など家族の祝いの席に喜ばれます。種類を多く使うより、ポイント的に組み込むと印象が強まります。

◆ お祝いの折詰め

伝統的な握りずしの折の形に、"祝"の一文字を盛り込んだ。整然と並んだ握りずしはそれだけでも美しいが、飾り巻ずしが入ることで華やかさとお祝いの気持ちも盛り込むことができる。飾り巻ずしを中央に置き、味移りしないよう笹を挟みながら、隙間ができないよう盛り込んでいく。

◆ 雛祭りの折詰め

生ダネが苦手な小さなお子様にも楽しんでもらえる雛祭りの折詰め。お雛様を主役にし、イクラの細工ずし、稲荷巻きを盛り込んだ。大人用の盛り込みとは別に、子ども用の折詰めを用意すると、大人も子どもも一緒に楽しんでもらえる。兜を盛り込んで子どもの日に、ミニ鬼くんとミニお多福さんで節分用にと、飾りずしで様々な行事に応用できる。

お持ち帰り用の押しずし

持ち帰り用ずしのバリエーションとしておすすめなのが押しずしです。煮物や光り物はもちろん、塩〆や炙りにした白身など、少し手をかけたタネが向きます。数種類を盛り込むと楽しみが広がり、ちょっとした集まりにも喜んでもらえます。

上から関アジの塩〆と穴子、ノドグロの炙り。すしダネは煮物や酢〆にした光り物、塩〆にした白身魚など、手をかけたものが向き、形の取れない端身なども使うことができる。最初にガリ生姜や胡瓜、白胡麻を芯にした裏巻きを作り、この上にすしダネを並べて押しずしに。ガリ生姜や胡瓜のシャキシャキの食感や白胡麻の香りがアクセントになり、さっぱりと食べられる。

1 海苔½枚にすし飯120gを広げ、白胡麻をふる。裏に返し、細切りのガリ生姜をのせる。

2 胡瓜は緑の部分のみを使い、細切りにする。芯の部分も使うと水が出てくるので注意。

3 ガリ生姜と胡瓜を芯にして裏巻きにする。

4 白胡麻を表面にもふる。白胡麻の風味とプチプチとした食感がアクセントになる。

5 ラップをかぶせてから巻きすで巻きしめ、形を整える。

6 すしダネを並べる。写真は関アジの押しずし。関アジは塩でしめてから薄いそぎ切りに。

7 皮目の向きを揃えて隙間なく並べ、ラップをかぶせる。

8 巻きすでしっかりと巻きしめ、7カンに切る。茗荷や白髪ねぎ、小ねぎを散らして仕上げる。

◆ 笹切りの バリエーション

熊笹や葉らんなどを切った笹切りは、鮮やかな彩りを添え、仕切りや防腐効果といった実用的な面もあり、すしの盛り込みに欠かせません。華やかなものを自作するとすしの値打ちもアップします。作り慣れてきたら数枚重ねて切れるようになります。用途別の代表的な種類と図柄、その手順を紹介します。

上手に作るポイント

◆ 小出刃やペティナイフを使うと細かな細工がしやすい

◆ できれば専用のまな板を使用するとよい

◆ 笹は少し湿らせた状態で切ると、すべりにくく切りやすい

◆ 細かい細工を切る場合は、包丁の刃のつけ根近くを指で挟み、エンピツを握るようにするとよい

◆ 包丁を持たないほうの手で笹をしっかり押さえて切る

◆ 手早く仕上げ、すぐに使用しない場合は水に浸けておく

せきしょなど、左右対称のものを切るときは、笹の根元と先を切り、縦に二つ折りにして、輪の方を手前に置いて切る。

細かい部分を切る場合は、包丁をエンピツを持つように握り、刃先を立てるようにして切る。

■ せきしょ

せきしょは、味の異なるもの同士の間に挟んだり、色合いをはっきり出すために仕切りにしたりする背の高い笹切りで、盛り込みに立体感や動きを出す効果もあります。多くは縦に二つ折りにして切り、左右対称に仕上げます。

◆ 松

❶ → ❷ → ❸ → ❹ →

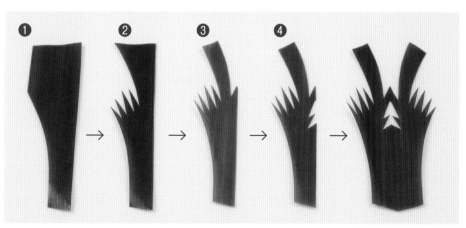

◆ 海老

❶ → ❷ → ❸ → ❹ →

■ 剣笹

せきしょと同様、仕切りとして使います。直線を組み合わせ、先をとがらせるもので、比較的シンプルな形ですが、切る角度や太さなどで出来栄えが違ってきます。ここで紹介した合笹は、細長い笹1枚を2枚に切り、重ねたものです。

◆ 合笹

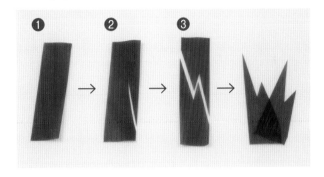

■ 敷き笹

すしを盛り込むときに器に敷いて使用します。刺身などのつまみのメニューで活用してもよいものです。ここで紹介した網のように、全体が1枚のパターンに切ったものの他、笹の中心を鶴や花などの形に切り抜くものなどもあります。

◆ 網

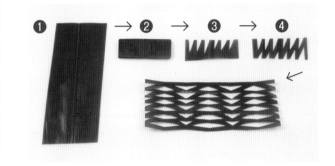

■ 化粧笹

盛り込みの最終仕上げとしてのせるのが化粧笹で、仕切りではなく、彩りとして使用します。海老や鶴、家紋などがよく使われる喜ばれる柄です。化粧笹が1枚あるだけで華やかさが増します。

◆ 海老

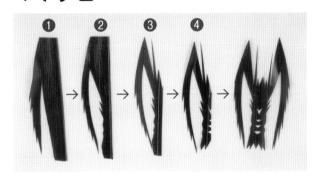

◆ 富士山

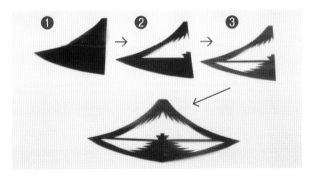

◆ 鶴

◆ 蝶

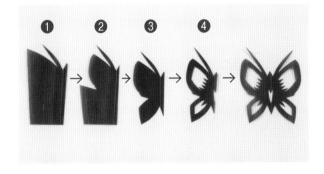

◆ 野菜の飾り切り

野菜にはすし種にはない色合いがあり、簡単な細工が施してあるものが添えてあると、色鮮やかな盛り込みになり、目を楽しませることができます。ワサビをのせたり、ちらしずしの具として添えたり、お祝いの盛り込みなどに活用しやすい、代表的なものを紹介します。

◆ ワサビ台1（桔梗）

1 キュウリの端を切り落とし、切り口から1.5cmぐらいのところに、キュウリの中心まで斜めに切り目を入れる。

2 キュウリを90°転がして１と同様の切り目を入れる。これをあと2回行い、切り離す。

◆ ワサビ台2（舟）

1 キュウリを6cm長さに切って縦半分にする。切り口をふせて置き、上面の左右、前後に斜めの切り目を入れて切り取る。

2 左右の端を斜めに包丁を入れて切り落とし、左右どちらかの端の中央に1本切り目を入れる。１で切りとった皮の部分を細く切って切り目に差し込む。

◆ ワサビ台3（ガーベラ）

青ジソを敷き、中に刻んだたくあんをつめれば、花の飾りに。

1 ニンジンを3cm長さに切り、皮をかつらむきにする。周囲がギザギザになるように、縦に細かいV字の切り込みを入れて切り取る。

2 １の縁から中心に向かって山型になるように斜めに包丁を入れ、くるりと薄くむく。

◆ 松

1 キュウリを8cm長さに切り、縦半分に切る。切り口を伏せて置き、厚みの半分ぐらいのところに竹串を横から刺す。

2 皮目に、竹串に当たる深さまで、縦に細かい切り目を入れ、竹串を抜く。

3 縦に左右の端を少し切り落とし、横長に置く。左端から少し入ったところに斜めに包丁を入れてそぎ切る。次に斜めに包丁を入れ、切り離さないように包丁を引き抜きながらキュウリの皮を前にずらす。この要領で皮を前後にずらしながら何本か切り目を入れる。

◆ クリスマスツリー

1 キュウリを松の１、２と同様に、縦に切り目を入れ、竹串を抜く。

2 １の縦の左右を斜めに切り落として細長い台形にする。

3 先のとがったほうを左側に横長に置き、左端に斜めに包丁を入れ、皮を切り離さないように包丁を引き抜きながら広げる。同様にして前後に皮を広げるように何本か切り目を入れる。イクラを飾る。

◆蝶

1 ニンジンは3㎝長さに切って皮をかつらむきする。端を薄く縦に切り、その面と直角に端をもう1枚切る。縁の丸いほうの中央をV字に切り取る。切りとった側の反対の縁の中央に2～3本細い溝を作るように切り取る。

2 ①を写真のように倒し、端から薄く切る。

3 ②を横にして厚みに包丁を入れ、切り離さないように切り目を入れる。

4 ③の切り目を入れた面を手前になるように向きを変え、奥を残すように1本切り目を入れる。向きを180°変えてもう1本同じように切り目を入れる。

5 ③で入れた切り目を開いて蝶の羽を開く。④で入れた切り目の部分をいったん引き、羽根のほうに押し込んで触角にする。

◆菊

1 大根を8㎝長さに切って皮をむき、かつらむきにする。

4 ①は幅を半分に折り、輪のほうを斜めに細かい切り目を入れる。

2 ニンジンは4㎝長さに切って皮をむき、かつらむきにする。

5 ③の切り目を入れたほうを④の輪のほうになるように置き、端から巻く。

3 ②の幅の半分ぐらいまで細かい切り目を入れ、端から丸める。

6 楊枝を刺してとめ、水に放して花を開かせる。

蝶と菊を組み合わせ飾っても。

149

■ 設計図を書く

新たな図柄を考えるには、頭の中だけで考えていても先に進みません。まずはどんな図柄にするか、絵にしてみます。絵は実物大にすると、どんな材料をどれだけ使えばよいかがわかりやすくなります。複雑な線を避け、なるべく単純化すると作りやすいでしょう。

絵を描いたら、これまで習得した技法をどのように取り入れるかも考え、どんな材料をどれだけ使うかを決めます。材料は、新たな仕入れをしなくてもよいように、特殊な材料はなるべく避けます。

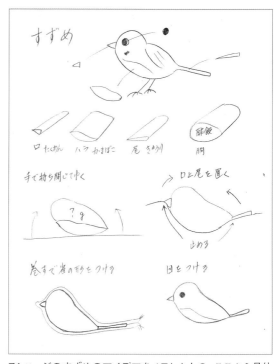

74ページのすずめのアイデアをメモしたもの。ここから具体的に材料や手順などを練っていく。

■ 試作する

できた設計図を元に、実際に巻いてみます。材料の重量を確認しながら作り、巻き終えたら出来栄えを確認しましょう。使用する材料の種類や分量、色合い、全体の形などをチェックし、材料の重量などを微調整して再度試作します。食べてみておいしいか、手間がかかりすぎないかどうかも、重要なチェック項目です。

完成までには何度か試作することが必要です。また、試作を繰り返すうちに、作り慣れるようにもなります。

◆ チューリップ（34ページ）の場合

作品1

植木鉢と全体を巻く外側の海苔が接しており、花はチーズカマボコをギザギザに切ってある。

作品2

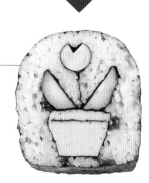

植木鉢と外側の海苔の間にもすし飯を入れて、図柄の位置を変更してバランスをよくく改良。花の形も単純化してチューリップらしさを出すように変更。

◆ 食材や道具の衛生管理

飾りずしは、通常のすしと違って手数が多く、使用する道具類も増えてしまいます。そのため、衛生管理は普段以上に配慮して行わなければなりません。安全で安心な味を届け、よりお客様に喜んでもらうため、特に注意したい点を以下に挙げます。

■ 食材の衛生管理

飾りずしは、一般的なすし材料に加えて、カマボコなどの加工品、野菜などの青果品も使用します。管理する場合は、それぞれ専用の容器を使い、各食品を分けて管理します。食品を入れた容器の口はしっかり閉じ、冷蔵、冷凍、冷暗所など、各食品に合った場所や温度帯で保存します。また、加工品は賞味期限を守り、早めに使い切るようにします。

上手に作るポイント

- ◆ 生もの、加工品、野菜類と、分けて管理、保存する
- ◆ 容器や道具は、生ものは生もので専用にし、他の食品類と共用しない
- ◆ 汁気や水気はしっかりふきとり、流れ出ないようにペーパーや布巾、ラップなどで包む
- ◆ 1つの飾りずしで、生ものと生鮮品の両方を使う場合、準備するときも容器は分ける
- ◆ 生ものは使う直前まで冷蔵庫で保管する

■ 調理中の注意点

飾りずしは、すし飯に色づけの材料を混ぜたり、細かな細工を施したりと、食材に手が触れる回数や時間が多くなります。手を清潔に保ち、生ものを触ったら手を洗って次の作業に移るように習慣づけを。包丁やまな板も同様で、こまめに洗浄しながら使い、使う食品の種類ごとに使い分けます。手に傷があるときなどは、必ず調理用の手袋を使用し、手酢もこまめに交換しましょう。できるだけ手早く調理できるように、段どりをよくし、技術を磨くことも大切です。

上手に作るポイント

- ◆ 手や道具類を清潔に保つ
- ◆ まな板などの道具類は、仕込み用、調理用と面倒がらずに使い分ける
- ◆ 手袋をして調理するときは、同じ手袋で他の作業を行わない
- ◆ すしアートなど、調理に時間がかかるものは、生ものはなるべく最後に使うように手順を考える
- ◆ 手早く作業し、完成品は常温に放置しない

調理用にはエンボス加工の手袋だとすし飯がくっつきにくく便利。調理用の手袋で、他の作業をしたり他のものに触ったりしない。

■ 道具の管理

道具類はしっかり洗浄するだけでなく、水気をきる、乾燥させる、消毒、滅菌を確実に行いましょう。巻きすは水気が残っているとカビがついたりすることもあるので、よく洗って風通しのよいところで干します。また、洗うスポンジやたわしも、食器洗浄用と食品用とに使い分け、使用後は水けをきって清潔に保ちます。

上手に作るポイント

- ◆ どんな道具も使い終わったらすぐに洗浄し、水けをとる
- ◆ 巻きすは食器用のたわしでよく洗い、完全に乾燥させる
- ◆ 布巾はこまめに替え、使い終わったら漂白や煮沸消毒する
- ◆ 冷蔵庫、冷凍庫は温度管理をしっかり行い、庫内や取っ手を清潔に保つ
- ◆ 洗うためのスポンジ、たわしも清潔に

本書は旭屋出版MOOK「飾りずしの技術」(2014年刊)を
大幅に改訂、新たに取材・撮影を行ない、再編集して改題、
書籍化したものです。

基本の技術から創作ずしまで習得できる

飾りずしの技術
細工ずしの技術

発行日　2020年10月1日　初版発行
著　者　川澄 健（川澄飾り巻き寿司協会　会長）

発行者　早嶋 茂
制作者　永瀬 正人

発行所　株式会社　旭屋出版
　　　　〒160-0005
　　　　東京都新宿区愛住町23番地2　ベルックス新宿ビルⅡ6階
　　　　編集部　TEL03-5369-6424　FAX03-5369-6430
　　　　販売部　TEL03-5369-6423　FAX03-5369-6431
　　　　郵便振替　00150 1-19572
　　　　http://www.asahiya-jp.com

印刷・製本　株式会社　シナノパブリッシングプレス

調理アシスタント／川澄 由美子（川澄飾り巻き寿司協会　副会長）
写真撮影／後藤 弘行　吉田 和行　曽我 浩一郎
アートディレクション／小森 秀樹（株式会社　スタジオゲット）
デザイン／溝淵 大志（株式会社　スタジオゲット）
編集／庄司 和以　駒井 麻子